Alberto Savinio
NAŠA DUŠA / GOSPODIN MINSTER

REČ I MISAO
KNJIGA 461

Sa italijanskog preveo
DEJAN ILIĆ

F O N D
Madlena
Janković

pomogao je objavljivanje ovog kola biblioteke
„Reč i misao", od kojeg hiljadu dvesta primeraka knjiga
poklanja bibliotekama Srbije

ALBERTO SAVINIO

NAŠA DUŠA

GOSPODIN MINSTER

IZDAVAČKO PREDUZEĆE „RAD"
BEOGRAD

Naslov originala

LA NOSTRA ANIMA,
Adelphi, Milano 1981, IV izd. 1993

I izdanje
La nostra anima, Roberto Bulla, Roma 1944
Il signor Munster (Casa la vita), Bompiani, Milano 1943

NAŠA DUŠA

„Koje su ono tri ličnosti što, dok rat besni širom sveta, ulaze spokojno u muzej živih lutaka?"

Na tamnoplavom satenskom nebu otvara se prozor, na kome se crnomanjasta i lignjastih očiju ukazuje Klio. Posmatra muza istorije čoveka koji je postavio neočekivano pitanje, tog vremešnog i časnog gospodina minulog stoleća, lepezaste brade i s belim kamašnama, naime, autorovog oca; te procenivši da je dostojan pažnje, odgovara ovako:

„Onaj rmpalija s baskijskom kapom i naočarima je Nivazio Dolčemare. Drugi, u žaketu s dva reda dugmadi i dignutim nozdrvama je doktor Sajas, židovske rase i po zanimanju hirurg. Gospođa između njih je supruga egipatskog podanika Spira Skufakisa, i sadašnja ljubavnica Nivazija Dolčemarea. Ali zašto su joj roditelji dali ime Perdita, zapravo ime kćeri Hermione i Leonta, ne bih umela da vam kažem[1]."

Stari gospodin: „To su, dakle, stvari koje istorija ne poznaje?"

Klio: „Da, one koje čine suštinski deo života. Istorija je zaista nauka o svima, i kao takva pamti samo ono što svi mogu videti i razumeti, to jest najispraznuju stranu ljudi i stvari; i jedino se u tom smislu može smatrati

---

[1] Po prevodiocu dostupnim izvorima, Perdita nije mitološko ime (ova reč na italijanskom znači „gubitak"), a Hermiona nije imala ćerku. S Neoptolemom nije imala dece, a u braku s Orestom rodila je sina Tisamena. *(Prim. prev.)*

5

'učiteljicom života'. Ali zašto da pričamo o meni? Perdita i doktor Sajas su ličnosti bez istorije i rekla bih 'bez mene', budući da sam ja muza istorije. Što se tiče Nivazija Dolčemarea, ne treba ga posebno predstavljati: Nivazija Dolčemarea svi znaju, čak i oni koji ne bi hteli da ga znaju. Uostalom, on je vaš sin."

Stari gospodin: „Ah, ne pominjite to! Prepoznao sam ga, ali sam se pravio da ga ne poznajem"

Stari gospodin počinje da plače, a plač jednog starca, pogotovo kad je i plač mrtvaca, bolniji je no što ljudsko srce može da podnese.

Klio: „Ali kakvo je zlo u tome? U Francuskoj je vaš sin poznat kao *Monsieur Nivaise,* pošto je tamo običaj da se strana imena prevode. Tako je *Tomazo Kampanela* postao *Monsieur Thomas Clochette,* a naš veliki violončelista, autor *Vlaške legende,* Braga, *Monsieur Pantalon.* To znači da bi vaš sin za narode koji govore engleskim jezikom mogao biti *Mister Nivais Sweetsea,* a za Nemce *Herr Nivasius Süssmeer.* No, evo, Nivazio Dolčemare prilazi biletarnici i naginje se ka šalteru. Moje posmatranje je završeno."

Klio se povlači i prozor na nebu se zatvara nestajući bez traga. Stari gospodin ostaje da promatra prazno i ravno nebo, da sluša pesmu ptenokentaura koji prolaze u nevidljivim jatima, na svome putu od vardarskih brežuljaka do plutajućih egejskih ostrva gde polažu jaja; potom kreće polako, s rukom na boku te hodajući gipko kroz indijsku trsku kako bi iza opuštene elegancije dendija prikrio svoj korak deformisan od išijasa. S vremena na vreme, mrtvi izlaze po lepom danu da se malo prošetaju i udahnu svežeg vazduha, ali kad sunce zađe vraćaju se hitro u svoje tamne kućerke, jer mrtvacu je, kao što znate, jako hladno i ništa ga ne može zagrejati, čak ni iznenadni susret sa sinom kog je napustio kao dečaka i ponovo pronašao na pragu svoje starosti.

ANTE FAKTUM

*Nekoliko meseci ranije, Nivazio Dolčemare se iskr-
cao u Solunu zajedno sa kontingentom italijanskih trupa
koje su bile dodeljene diviziji premeštenoj u Makedoniju
(1917.). Na parobrodu je upoznao vojnika koji se zvao
Karlo Manjo[2] i bio toliko neupućen u istoriju da nije ni
znao da nosi ime sina Pipina Malog. Videvši da mu se
osmehuju oni kojima bi rekao da se zove Karlomanjo,
tumačio je taj osmeh kao izraz poštovanja te se silno uo-
brazio. Karlo Manjo je imao strica u Solunu, štimera
klavira i vlasnika prodavnice muzičkih instrumenata u
Via Egnacija. Stric Karla Manja patio je od demencijal-
nih raptusa i kada ga napokon odvedoše u ludnicu, vi-
tlao je svojim ključem za štimovanje i vikao da će celom
čovečanstvu naštimovati glasne žice. U ovom gradu ži-
vela je i madam Perdita Skufakis, poreklom Francuski-
nja i obdarena dražesnim leggero sopranom. Jednoga
dana general Sarail, vrhovni komandant trupa raspore-
đenih u Makedoniju, zamoli gospođu Skufakis da uče-
stvuje u dobrotvornom koncertu za ranjenike sa Var-
darskog fronta. Perdita je bila ravie što će moći da se
angažuje za ovo milosrdno delo, te zatraži od strica
Karla Manja da joj pronađe nekog ko bi je pratio na
klaviru. Stric Karla Manja predstavi joj Nivazija Dolče-
marea. Perdita i Nivazio počeše sa probama. Narednog
dana, dok su prelazili Šarlotinu ariju iz Vertera, Perdita
se onesvesti. Nivazio je pridrža i padoše zajedno na di-
van. Nešto kasnije Perdita, koja se iz ljubavi podavala
Nivaziju Dolčemareu, ali i generalu Sarailu i ruskom
konzulu Artamanovu, mada ne tako nesebično, primi od
ovog poslednjeg poziv za bal de têtes[3] u ruskom konzula-
tu, te pretpostavljajući da će je Artamanov zamoliti da
nešto otpeva, dođe u Nivazijevoj pratnji. Na isti bal de*

---

[2] (Itl.) Karlo Veliki. *(Prim. prev.)*
[3] (Fr.) Maskenbal na kome su učesnicima maskirane samo
glave. *(Prim. prev.)*

têtes *beše pozvan i doktor Sajas, kućni lekar i prijatelj porodice Skufakis. Mi ovde vidimo ove tri ličnosti koje će, pre odlaska na bal kod ruskog konzula, proći kroz muzej živih lutaka kao kroz neku obaveznu inicijaciju.*

Doktor Sajas reče: „To je neka vrsta muzeja Greven, samo što figure nisu od voska nego su žive." Nivazio Dolčemare beše radoznao da upozna tajni postupak balsamovanja pomoću kojeg se ove žive figure čuvaju od kvarenja, ali mu pitanje ostade na jeziku. Vredelo bi izračunati koliko stvari nije nikada napravljeno samo zato što reč, koja je trebalo da inicira njihovu „spoljašnju" sudbinu, nije pronašla put, momenat, priliku da se spusti iz mozga na jezik i odatle poleti svojim zvučnim letom poput pčele iz košnice. Broj stvari izgubljenih zbog *defectus vocabuli* izvesno je mnogo veći od broja izgubljenih ljudi, jer se klica, koja ih je sadržavala, rasipala po čaršavima od konoplje i svile, po divanima napunjenim vatom ili prosto po goloj zemlji, ili odlazila zajedno sa vodom bidea u tamno srce okeana. Upravo u tom ključu trebalo bi tumačiti Remboove peterce: „*Oisive jeunesse – à tout asservie" – par délicatesse – j'ai perdue ma vie"*[4]. Ono što šurak Paterna Berišona naziva „tananošću", zaista je jedan misteriozni autoritet, koji mi nosimo u sebi i koji nas, iz posve nepoznatih razloga, tako često sprečava da uradimo ono što smo nameravali, i to na štetu našeg zdravlja, naše reputacije, našeg života. Čovek koji se s neiscrpnom istrajnošću bori protiv spoljašnjeg arbitra i tiranije koju mu neko drugi nameće, ne misli, međutim, u svojoj tupavosti, da se pre svega treba suprotstaviti onoj tiraniji i onom arbitru koje nosi u sebi. Najokrutniji tirani, naši najveći dušmani su u nama, i ako su samo retki ljudi slobodni gledano spolja, ne postoji čovek za koga bi se zaista moglo reći da je iznutra slobodan. Premda rečit, te čovek od pera po izboru i za-

---

[4] O mladosti, dokonosti / Što za ropstvo samo zna, / Zbog previše tananosti / Uništih svoj život ja. (prev. Nikola Bertolino). *(Prim. prev.)*

8

nimanju, Nivazio Dolčemare je osoba kod koje je nesrazmera između izrečenih i neizrečenih stvari izuzetno velika. Da li će uspeti jednoga dana da sruši tog vazda budnog, tog besanog unutrašnjeg tiranina koji ga je do sada sprečavao i koji ga još uvek sprečava da kaže ono što ima da kaže? *Nescimus*. U stvari, taj čovek liči na zatvorena vrata crkvene riznice, na zatvoreni blindirani šalter u suterenu banke pune zlata. Kakvo bi to čudo bilo kada bi jednoga dana Nivazio Dolčemare srušio svog unutrašnjeg tiranina, video kako iz njegovih usta izleće u rojevima sve ono što je on mislio, transponovao u reči, ali izrekao nikada nije! On razmatra svet, ljude, stvari, pre svega po onome što svet, ljudi, stvari nisu rekli, nisu učinili, nisu ispoljili, no ipak nose u sebi i možda će umreti jednoga dana odnoseći te riznice u grob; i zato mu se svet, ljudi, stvari ukazuju na tako raznolik i, znači, bogatiji način; zato ga još više uzbuđuju i vesele prizori koje samo on vidi; zato poznaje i razume druge, i njihovu spoljašnjost i njihovu dušu, dok njega drugi niti poznaju niti razumeju.

Nivazio Dolčemare nije bio u prisnim odnosima sa Sajasom. Sumnjao je da je ovaj Perditin ljubavnik ili barem da je to bio. Ovim ne želimo reći da je Nivazio Dolčemare bio ljubomoran* na Sajasa. Kako se uopšte može biti ljubomoran na jednog lekara? Seksualni odnosi između lekara i pacijentkinje u izvesnom smislu su deo lečenja**. Nemogućnost uspostavljanja određenih odnosa između čoveka građanina i pripadnika nekih staleža kao što su sveštenici, vojnici, lekari još uvek nije dovoljno proučena. Pod „čovekom građaninom" ovde se podrazumeva čovek koji je samo čovek, to jest ona veoma retka vrsta ljudi čiji je Nivazio Dolčemare, na osnovu našeg uvida, najverodostojniji predstavnik: on koji je nešto sa-

---

* Ovde gde stoji reč *geloso* (ljubomoran) naša mašina je isprva napisala *gelso* (dud). Eto kako nastaju mitovi. Zahvaljujući ovom lapsusu rodjen je čovek-drvo, čovek anatomski pomešan sa dudom, najkorisnijim drvetom.

** Mogu se shvatiti i kao neka vrsta plaćanja u naturi.

9

svim suprotno od kofera koji je prošao kroz mnoga svratišta; on koji ne nosi nikakve etikete na sebi; on koji nije ni inženjer, ni komendator, ni grof, ni komunista, ni reakcionar, ni sifilističar, ni akademik, ni vegetarijanac, ni kapitalista, ni anglofil, ni sportista, ni noćna ptica, ni homoseksualac; ali ni na strani suprotnoj od homoseksualnosti, ni poklonik ranoranilaštva, ni antisportista, ni anglofob, ni antikapitalista, ni mesožder, i nipošto imun na nasledne bolesti. A ako u ovom spisku specifičnih osobina nismo naveli i da Nivazio Dolčemare nije bio ni katolik ni antikatolik, ni monarhista ni antimonarhista, to je zato što su katolici i monarhisti dve vrste koje su izumrle na našoj planeti još pre više stotina hiljada godina, i čiji nekoliki kržljavi primerci žive još samo na jednoj nepristupačnoj visoravni u području Amazona, zajedno sa poslednjim pterodaktilima i dinosaurusima.

Perdita je patila od hemoroida, te je nakon saveta gospođe Ksidis, supruge generala Ksidisa, komandanta garnizona u Solunu, otišla doktoru Sajasu koji je u ulici Bugaroubice imao moderno opremljenu ordinaciju. Gospođa Ksidis joj je rekla: *„Pour les hémorrhoïdes, ma chère, il n'y a que le docteur Sayas: c'est un as. Allez-y de ma part. Nous sommes d'excellents amis"*.[5] Gospođa Ksidis nije govorila Solun nego Tesalonika, kao što se govorilo u vreme Tita Livija. Perdita je mrzela one koji su govorili Tesalonika, mrzela je dakle i gospođu Ksidis. Što se tiče Nivazija Dolčemarea, odbojnost prema plemićkim sinonimima kod njega je još veća nego kod Perdite, te s uzoritom upornošću on i dalje zove imenom Đirgenti sikulski grad koji se u *Dizionario dei Comuni* već nekoliko godina navodi kao Agriđento, imenom Korneto etrurski grad koji sada već svi zovu Tarkvinija, a tokom dvadesetogodišnjeg boravka u italijanskoj prestonici nije mu jednom izletelo Urbe umesto Rim. Jednom prilikom, na staničnoj biletarnici u Bolonji, Niva-

---

[5] (Fr.) Što se tiče hemoroida, draga moja, tu vam je najbolji doktor Sajas: neprikosnoven. Posetite ga i pozovite se na mene. Mi smo odlični prijatelji. *(Prim. prev.)*

zio Dolčemare zatraži kartu trećeg razreda za Borgo San Donino, ali glas nevidljivog činovnika s druge strane šaltera primeti da u italijanskoj železničkoj mreži ne postoji stanica po imenu Borgo San Donino. Pre nego obaveštenje, glas činovnika bio je opomena, jer se čak i oni koji vrše najbeznačajniju državnu službu, kao što je prodaja karata na staničnom šalteru, osećaju kao zastupnici nekog katedarskog autoriteta, te ostale koji nisu na sličnim položajima smatraju ovcama stada zabasalog u tamu neznanja. „Verovatno ste hteli reći Fidenca", dodade nevidljivi činovnik, ali šta čovek da odgovori jednom službeniku konformisti, kome se uz to ne vidi ni lice? Nivazio Dolčemare vrati novac u džep i ovoga puta odreče se Salsomađorea i svog godišnjeg lečenja slanom jodolitiobromnom vodom.

Perdita poseti doktora Sajasa i ovaj joj naloži da se svuče iza paravana ukrašenog barskim pticama koje su stajale na obali ili letele u spiralama po nebu upaljenom od sunca na zalasku, pomože joj da se popne na zglobni krevet postavljen nasred ordinacije i obasjan trima kuglama zakriljenim konkavnom kristalnom sferom nalik na tri bisera združena u jednoj školjki, namesti joj gležnjeve u dva stremena od hromiranog metala koji su se odvajali od kreveta kao dve mršave ruke: zatim poče da prstom traži hemoroide svoje nove i lepe pacijentkinje, i to na mestu gde, koliko se zna, takva krvna začepljenja nisu nikada procvetala.

„Doktore, pogrešili ste", usudi se da primeti Perdita, nepokretna u tom položaju tipičnom za šampionke u bobu.

„Nemojte se brinuti, gospođo", uzvrati joj doktor Sajas. „Samo se vi opustite, polako." I nastavljao je da učenim prstom istražuje mesto imuno na hemoroide. Je li moguće da je tolika neznalica bio čovek koji je važio za najboljeg lekara u Solunu? Perdita zamahnu pesnicama prema doktorovoj lobanji koja se sijala od ćelavosti, izvuče gležnjeve iz stremenâ od hromiranog metala, ustade s kreveta, odjuri iza paravana, navuče hitro gaćice.

Tako je barem Perdita ispričala Nivaziju Dolčemareu. Ali ko da mu garantuje da je Perdita zaista izvukla gležnjeve iz stremenâ od hromiranog metala, da je zaista ustala s kreveta, da je zaista odjurila da navuče gaćice iza paravana s barskim pticama, okončavajući tako ovaj osobiti pregled?

Nivazio Dolčemare hteo je da zna zašto moraju obići jedno tako čudno mesto, koje je doktor nazvao „nekom vrstom Muzeja Greven", da bi tek potom otišli na *bal de têtes* kod ruskog konzula, ali iz stidljivosti zadrža svoju radoznalost u sebi. Nivazio Dolčemare je samouk poput Herberta Spensera, i ona oholost, tipična za ljude koji se obrazuju bez pomoći posredne osobe, kod njega je izuzetno razvijena. U nedostatku Sajasovog objašnjenja, Nivazio Dolčemare odgovori sam sebi, ali taj odgovor bila je izreka, dakle odgovor nedostojan njega: „Druga zemlja, drugi običaji".

Izreka minu, ali reč „običaji" ostade u mislima Nivazija Dolčemarea, štaviše promeni nacionalnost i od *costumi* postade customs. Te 1917. Solun je vrveo od engleskih, francuskih, srpskih, grčkih reči i povremeno bi se neka od tih stranih reči prilepila za misli Nivazija Dolčemarea. Recimo, *dobro italiano,* što na srpskom znači *buono italiano,* ili *varìn glikòn,* što je na novogrčkom način da se zatraži jaka i slatka kafa, ili, pak, *eh! dis-donc,* što je veoma čest apostrof kod Francuza. Upravo sada, dok Nivazio Dolčemare ulazi, u društvu Sajasa i Perdite, u ovaj novi Muzej Greven, reč *customs* smešta se u njegovu misao, i zbog ove reči počinje da razmišlja o Englezima. Pun Engleza, Italijana, Rusa, Srba, Grka, Solun je te 1917. bio prava zbirka uzoraka rasa, eksperimentalni prostor za glavne evropske narode, izuzev Nemaca koji behu iza scene, u tamnoj i tajanstvenoj zemlji neprijatelja. A ovi različiti narodi sklapali su prijateljstva ili se preganjali, saučesnički koškali druge ili se koškali međusobno, živeli život ljudske džungle – i to svi izuzev Engleza koji se nisu ni udruživali, ni mešali, ni svađali, ni sklapali prijateljstva, nego bi stajali po strani kao da podražavaju ostrvski kvalitet svoje zemlje, okružujući se nekim silnim morem. Ali kada bi se drugi svađali, Italijani i Srbi, Francuzi i Grci, Englezi bi prilazili smirenog koraka, razdvajali posvađane i vaspostavljali mir, ne držeći stranu ni jednima ni drugima: bespristrasni. Nivazio Dolčemare mislio bi tada da je odsustvo mržnje i strasti osnovni preduslov za čovekovu slobodu i njegovu nadmoćnost nad drugim ljudima: nad ljudima džungle. Civilizacija je, zapravo, pobeda čoveka nad mržnjom koju nosi u sebi još od pećinskih vremena, te je, u tom smislu, Stendalovo oduševljenje za „energiju" južnih naroda zaista neumesno. I književnost je u osnovi pitanje prevazilaženja mržnje i strasti – čak i tako lepe pripovetke, kao što su Vergine, jednoga dana ličiće nam samo na običnu tučnjavu divljakâ.

„Tri karte", reče Nivazio Dolčemare prstima činovnika skrivenog iza šaltera, koji su bili zauzeti brojanjem talonâ jednog svežnja ulaznica.

„Samo dve", dodade Sajas. „Ja, kao ambulantni lekar, imam propusnicu." Čuvar na kružnim ulaznim vratima dodirnu prstima štitnik na kapi. Sajas povuče nazad glavu kao ćuran i udahnu moćan režanj vazduha. Sajas je imao duge, požudne nozdrve odakle su orošeni i kao zift crni, štrčali pramenovi dlaka. Pogledavši ove drhturave i izvežbane nozdrve, Nivazio Dolčemare pomisli da su, pored prstiju, doktoru Sajasu i nozdrve instrumenti za rad.

Ulaz u novi Greven nije bio karakterističan za muzeje i više je ličio na ulaze u one objekte za iluzije, na Monmartru, kao što su Le Paradis i L'Enfer, koji u ono vreme nisu bili tako grešan vid zabave. Sem toga, podsećao je i na ulaz u rimski muzej Terme a pogotovo na ulaz u Teatro degli Indipendenti, koji je Arturo Đulio Bragalja otvorio u Via delji Avinjonezi u Rimu, nekoliko godina nakon Prvog svetskog rata.

Od kružnih ulaznih vrata počinjalo je stubište koje se spuštalo između dva visoka zida obložena crnim papirnim tapetama. Na svakih pet stepenika štrčala je s mrtvačkog zida po jedna lampa pokrivena tamnoplavim zastorom i stavljena u gvozdenu korpicu. Kako se silazilo u unutrašnjost muzeja, tako se pojačavao zadah budi koji je natapao ovo stubište obavijeno jevtinom tajnom.

Pod izgovorom da su stepenice klizave, Sajas je pridržavao Perditu za ruku, s pažnjom bolničara koji izvodi rekonvalescenta u prvu šetnju izvan bolničke zgrade. Nivazio Dolčemare koji je išao pozadi i s nadmoćnim zadovoljstvom posmatrao spojena ramena Sajasa i Perdite, pretpostavljao je da, posle svega, doktor Sajas ne poznaje ništa slabije od njega intimne delove njegove prijateljice, i pri toj pomisli oseti se blizak doktoru po nekom veoma slatkom saučesništvu. Često je pozicija rogonje vid sreće.

Iz najskrovitijih kutova muzeja dopirao je oštar i neprekidan zvuk u kome je, zahvaljujući svom muzičkom iskustvu, Nivazio Dolčemare prepoznao mi bemol *sopracuto*. U neprijatnom vidu, ovaj zvuk, bio je ono što je žubor potoka u seni šume. Ovaj pakostan zvuk u kome se mogla prepoznati namera da se stavi na probu strpljivost neke uticajne ali živčano slabe osobe, razlégao se s ludom upornošću zvona koje je izgubilo kontrolu nad sobom. Nivazio Dolčemare zamoli doktora da mu objasni poreklo ovog postojanog zvuka, i ovaj mu, ne okrenuvši se, odgovori: „To je struja koja oživljava tela figura".

Nastaviše da silaze.

„Evo nas pred prvom tablom", najavi doktor. Sa strane stepenika na kome se Sajas zaustavio, bila su crna vrata na kojima se isticalo jedno belo *I,* ispod kojeg je, takođe belim slovima, bilo ispisano: „Ovde ćete videti svoju dušu." Sajas autoritativno otvori vrata i odmaknu se da propusti Perditu. Nivazio Dolčemare beše pogođen zadahom koji je bio na pola puta između smrada kokošinjca i kaveza za kuniće. Soba je bila plavozelena kao

14

da je obasjava svetlo akvarijuma, te toliko lišena stanovnika i nameštaja da se Nivazio Dolčemare u prvi mah zapita šta to uopšte ima da se vidi u ovom praznom prostoru. Sajas uđe u sobu korakom nekog ko poznaje mesto i uputi se udno prostorije. Nivazija Dolčemarea opsedala je jedna slika iz zoološkog vrta. Stakleni kavezi sa zmijama na prvi pogled su prazni, tek nakon pažljivijeg uvida otkrivamo reptila sklupčanog u nekom uglu, kamufliranog i stopljenog s peskom na kome leži. Lagana studen prođe cik-cak kroz kičmu Nivazija Dolčemarea. Po podu su bile rasute kuglice nalik maslinama, koje su Nivaziju Dolčemareu ličile na izmet nekog malog sisara srodnog kozi. Ne obazirući se mnogo, Sajas je gazio loptice izmeta trostrukim đonom svojih cipela koje su škripale, dok se Nivazio Dolčemare, budući drugačijeg temperamenta, trudio da ih izbegne hodajući na prstima. „Zveri" je, dakle, bilo i bila je tu, u ovoj sali, odavali su je izmet i smrad. Ovo je, doduše, pre ukazivalo na neko ogromno krilato biće nego na pravu zver. Ali kako se pouzdati u smrad? Neke otrovne i veoma opasne životinje šire oko sebe veoma prijatne i zavodljive mirise.

U dnu odaje doktor se zaustavi, pruži ruku da pokaže nešto što se, po svoj prilici, nalazilo na mestu gde su se spajala dva zida i tiho reče: „Psiha". Iako se trudio da izgleda prirodno, Sajasov glas nije uspeo da sakrije drhtaj uzbuđenja i izvesnu svečanost. Njegova ruka zaustavila se u gestu koji pokazuje, kao na oznakama za rukavičara.

Tek tada Nivazio Dolčemare primeti da je srednji prst Sajasove desne ruke imao gumenu navlaku, te, imajući u vidu neobičan pregled koji je Sajas obavio u Perditinom svetilištu, shvati da za Sajasa srednji prst desne ruke nije bio samo običan prst, već instrument za rad koji treba čuvati u koricama kad se njime ne služi.

„Psiha", ponovi lekar ozbiljnijim i intencionalnijim glasom, možda zato što, pri prvom pominjanju ovog čuvenog imena, Perdita nije reagovala na odgovarajući način.

„Psiha", reče u sebi Nivazio Dolčemare i pomisli: „Toliko sam o njoj čitao, toliko toga čuo, toliko toga video u vezi sa njom, i sada, gle, evo preda mnom one koju je voleo Amor, Venerin sin i gospodar bogova."

Nivazio obori pogled u potrazi za „stvari" koju je pokazao doktor, za stanovnicom ove sale osvetljene poput akvarijuma, tvoriteljkom ovih crnih loptica izmeta, širiteljkom ovog oštrog zadaha na pola puta između smrada kunića i kokoške.

Jedna devojka bila je šćućurena na prljavom podu, povijenih nogu i peta sastavljenih ispod ružičastih oblina zadnjice. Telo klonulo i, poput zaboravljenog predmeta, naslonjeno na zid ka kojem joj je i glava bila okrenuta.

Na podu su stajale dve zdele: jedna puna vode pozelenele od stajanja, druga žuta od kukuruznih zrna. U blizini devojke maslinke izmeta bile su češće, iz pravca zadnjice slivala se po podu gusta i žućkasta tečnost. Smrad je bio tako jak da doktor Sajas izvadi iz zadnjeg džepa pantalona veliki stakleni pištolj, i prislanjajući prst na obarač izbaci u više navrata nekoliko mlazeva duginih boja po patosu i zidu. Hladan miris uštinu Nivazijeve nozdrve a Perdita, privivši se uz doktorovu ruku, reče: „Obožavam mirise dezinfektanata. Kakvo zdravlje!"

Otkad su joj posetioci prišli, devojka se nije ni mrdnula. Ruka je bila klonula na bok, dok se šaka mlitavo igrala kuglicama izmeta. Povremeno bi joj se ramena najednom zatresla.

„Šta joj je?" upita Perdita. „Je li joj loše?"

„Ne", odgovori Sajas. „Smeje se. Smeje se stalno. Smeje se otkad su je doveli ovamo. Smeje se. Neće da jede, neće da pije. Pogledajte je: nije ni dotakla vodu, čak ni kukuruz koji joj je uprava stavila na raspolaganje ne mareći za troškove. Smeje se... Ali – oprostite mi zbog banalosti koju ću izreći – njen smeh je, zapravo, plač."

Na to će Perdita: „Sirotica! Trebalo bi je nekako utešiti. Nije valjda stvar u novcu?"

„Nipošto", odgovori Sajas. „Uprava muzeja stara se o svemu, i to gospodski darežljivo. Imate osetljivu dušu, madam, ali verujte mi: ovo nije slučaj za sažaljevanje. Smeh, to jest plač, ove devojke nije plač amatera, jer samo bi to bio bolan plač, dostojan da dirne vaše sažaljivo srce. Ne. Psiha je profesionalac u plakanju, plačljivica po zanimanju. Kad bismo joj oduzeli plač, izgubila bi svaki motiv za život. Uostalom, ona mi pokazuje, plemenita gospođo, da žene, kao i mnogi muškarci, ne umeju da oplemene život (toliko je grubo čovečanstvo po pitanju osećanja) ako ga ne prekriju bolom i ne zaliju suzama. Doći će dan kad će neka viša civilizacija naviknuti ljude da rupe, šupljine, neravnine, nečisti, rugla života, pokrivaju savršeno glatkom kožom, sjajno ravnodušnom; i ne samo šupljine i nečisti, nego i najlepše aspekte života, plemenite, duboke, svete; ali još smo daleko od ovog željenog savršenstva. Ideal žene još uvek je naša velika Eleonora."

„Duze!" uzdahnu Perdita. „Divna, velika žena!"

Nekoliko minuta troje posetilaca ćutali su posmatrajući Psihu šćućurenu na podu, i slušali klokote povremenih gutljajâ, nakon kojih bi svaki put usledio trzaj ramena izrezbarenih od rahitisa.

Naga devojka bila je mršava kao devica. Neobični znakovi koji su ukrašavali njenu kožu ličili su na ibise, majušne barke, krugove s drškom koji se često nalaze na visokim i uskim stranama obeliskâ. Nivazio Dolčemare zamoli tiho Perditu da mu pozajmi binokl (pozivnica konzula Artamanova obaveštavala je da će na *bal de têtes* biti izvedena i jedna pantomima uz muziku Grigorija Markovića, te je Perdita ponela u torbici svoj binokl za pozorište prevučen sedefom), i pošto je uperio instrument prema golom telu devojke i podesio kontrast sočiva, primeti da su tobožnji hijeroglifi bili u stvari imena, datumi, rečenice koje su turisti i posetioci muzeja ispisa-

17

li olovkom ili urezali vrškom peroreza na Psihinoj koži, te su sada, kad je koža iznad kostiju omlitavela, izgledali kao ibisi, majušne barke, krugovi s drškom. Nivaziju Dolčemareu pođe za rukom da pročita nekoliko zapisa: „Đuzepe i Anita Garibaldi, maj 1848.", „Dole Masonerija", „Budala ko pročita".

Sem ovih plitkoumnih natpisa koji se mogu videti na zidovima ma kog italijanskog grada, Nivazio Dolčemare pronađe i neke druge koji su ga veoma pogodili. Na desnom Psihinom ramenu bio je napisan sledeći katren, očigledno vrhom čiode, i popunjen puščanim prahom:

I ispisuje po moru
Liniju ljubavi
Ubledno lice
U poslednji sat.

Nivazio Dolčemare stade da razmišlja nije li „ubledno lice" izraz nastao deformacijom „bledog lica", ali pre no što je uspeo da reši ovaj mali filološki problem, pređe na drugi natpis. Ovaj je bio ispisan na desnom ramenu i glasio je : „Noćas, 8–9 maja 1793, voleo sam Šarlotu tako da će mi to sigurno doneti prekor oca Lazanje, ali koliko se to razlikuje od uobičajenog načina! Jedva čekam da nastavim." Ova rečenica, koju bi Nivazio Dolčemare voleo da nikada nije pročitao a mi da je nikada nismo napisali, bila je potpisana: „Grof Adalberto di Kokilon". Na desnom devojčinom guzu Dolčemare vide ova dva stiha:

O, ti pustolovno more,
spremno li si otploviti?

nakon kojih je sledilo nekoliko redova proze: „Čuvši ovaj poziv, more se istog časa odmota kao tepih ka horizontu, i ostavi gole bede, stidove, nečisti koje zemlja skriva pod tečnim plaštom. Videvši da je otkrivena i ružna, zemlja briznu u plač a više je nego jasno da je plač zemlje zapravo okrenuta kiša, koja sa zemlje pada na

18

nebo." Ovaj kratki sastav nije bio potpisan, ali na osnovu sigle u obliku zvezde petokrake Nivazio Dolčemare zaključi da je bio Koktoov ili nekog njegovog podražavaoca. Sa guza, Nivazio pređe na desnu butinu.

Jezik ti visi imerops
Agridentî šumoviti.

Ispod ovih stihova stajao je potpis „Frančesko Petrarka", ali Nivazio Dolčemare i ne pokuša da shvati o čemu se radi u apokrifnim stihovima.

Ispod apokrifnih stihova Frančeska Petrarke, Nivazio Dolčemare vide ovu hrabru sentencu s potpisom: *Mislilac bez misli:* „Ako hoćeš da se boriš protiv diktatorâ, počni od prvog: Boga".

Nivazio Dolčemare uperi binokl ka levoj butini i tamo pročita katren praćen redovima proze, kao kometa svojim repom:

I govore na nebu misli divova
Kojima jošte bogata svojom drevnom mudrošću
Odgovara šuma
Uspravljajući se na vrhovima korenja.

„Tada, ispod šume koja se uspravila na vrhovima korenja nalik metodičnom četrdesetogodišnjaku – koji vodi računa o svome zdravlju i izvodi poznatu jutarnju vežbu, naime podiže povijeno telo oslanjajući se o pod samo prstima ruku i nogu – svekoliki iskonski i najgrudvičaviji, najvlažniji, najtamniji deo naše misli, gomilane vekovima, izvuče se željan da napokon vidi svetlost, te reče stvar danteovski duboku: 'Slepo crevo.'" Nije bilo potpisa, što potvrdi Nivaziju Dolčemareu da najznamenitije stvari ostaju anonimne.

Međutim, na levoj butini, ali bliže kolenu, Nivazio Dolčemare vide rečenicu kojoj niko ne bi porekao istorijski značaj: „Da bi se smanjilo preterano znojenje kraljevskih stopala, smerno sam Njegovom veličanstvu preporučio kupke u sirćetu". Bila je potpisana: „Frančesko Postanki, berberin S.M. Fridriha II, Kralja Pruske".

Na tabanu desnog stopala Nivazio Dolčemare s mukom dešifrova sledeći distih, delimično deformisan borama na koži:

Mina,
Anima fina.

A na tabanu levog stopala:

Šta ostáje?
Arimáne.
Ali kad naglasiš Arìmane
Šta òstaje?

(Che rimane?
Arimàne.
Ma se pronunci Arìmane
Che rimane?)

Nivazio Dolčemare potom otkri na desnoj nozi: „Gledao sam je kroz rupicu na bravi. Vadila je iz tela crnu zmiju (itl. *serpe*) i u naporu deserpacije smejala se kao kakva *zerpa**. Doviknuo sam joj kroz vrata: 'Nadam se da nećeš sesti za sto pre no što opereš ruke.' A ona će iznutra: 'Šta pričaš! Ta nisam je ja dirala rukama!'"

Na unutrašnjoj strani butine bilo je napisano: „Sledi me verno sve do dna i upoznaćeš ono što još niko nije upoznao, to jest ono što..." Na ovom mestu tekst je prodirao između butina skrećući lagano ka polu devojke, i Nivazio Dolčemare ne upozna ono što još niko nije upoznao. Ali mu ne beše žao zbog toga. Naša volja za saznanjem deluje samo u sferama potencijalno poznatih stvari, i na granicama saznatljivog ona sahne i umire. Naša „žeđ" za saznanjem samo je vid takmičenja. Mi nećemo da upoznamo ono što ne poznajemo, već ono što drugi poznaje. Te ako se naša volja za saznanjem ne zaustavlja pred tajnom, to je stoga što ta tajna za „nekog" nije tajna, makar to bio i Bog. A to što bi ovaj „ne-

---

* Uzalud smo tražili u Tomazeu, Petrokiju, *Vocabolario della Crusca*, reč *zerpa*.

ko" mogao biti i Bog, ne umiruje nimalo naš takmičarski duh – naš „sportski" takmičarski duh: štaviše! Izbacimo iz glave ovog „izuzetnog" rivala, i najmanja volja za takimičenjem iščeznuće; gledaćemo je bez radoznalosti i želje, bolje rečeno, tajna će ishlapeti, naš život će se izlečiti od svojih bolnih želja, i neki mir bez naprslina sići će da blagoslovi svet.

Na kraju Nivazio pročita na devojčinom bilu ovu rečenicu u obliku narukvice: *„Velt chimòseon stoà ramnèsi fata"*, i ova rečenica svide mu se najviše, jer je uopšte nije razumeo.

Troje posetilaca su ćutali. Kad tišina iscrpe svoje mogućnosti elokvencije, Sajas ponovo uze reč:

„Nema potrebe da vam govorim ko je Psiha. Vi poznajete *Metamorfoze* Lucija Apuleja, čitali ste u četvrtoj, petoj i šestoj knjizi priču o ovoj devojci, žrtvi svoje izuzetne lepote, te parafrazu koju je o Apulejevoj knjizi sastavio Anjolo Firencuola na italijanskom jeziku, tako sjajnom i tako fino tkanom kako to nijedna ruka pisca nikada nije isplela, i na čijem kraju se nalazi jedan naglasak koji kod Apuleja nedostaje, to jest jedno dublje osećanje, melanholičnije, nežnije i uz to još preneto s one strane granica života: 'hrišćansko' osećanje ljubavi. Inače bi to bila priča u profane svrhe. Za nas posvećene Psiha je duša, i njeno ime koje ima fizičko značenje daška i daha, ima takođe i smisao onog čudesnog daha koji je naš besmrtni deo."

Podstaknuta Sajasovim rečima, Perdita uperi pogled s nekom mešavinom čuđenja, strepnje i gađenja, u dušu koja je ležala pod njenim nogama, u obličju rahitične devojke što se rasejano rukom igrala crnim i heleoformnim kuglicama vlastitog izmeta.

„Naša duša!" prošaputa Perdita. I ponovi: „Naša duša... Naša duša... Naša duša..."

Nalik majušnom usamljenom talasu što lagano odlazi da umre na žalu nekog tihog mora, jedna pruga nabora na trenutak čisto i infantilno čelo ljubavnice Nivazija Dolčemarea.

Malo zatim, zatrese svoju lepu glavu jogunastog konjica i lice joj se ozari.

„Dakle, istina je!" uzviknu Perdita obraćajući se doktoru. „Mi imamo dušu i naša duša je besmrtna. Čula sam već to, ali nisam verovala."

„Šta da vam kažem, gospođo? Ja sam naučnik. Za nas naučnike duša je jedinjenje kiseonika, azota i ugljeničnog anidrida. Ali šta može nauka pred neuhvatljivim misterijama prirode? Jedino što možemo reći, sigurni da nećemo pogrešiti, jeste: *Ignoramus.*"

Kao što vidimo, misli doktora Sajasa suštinski se ne razlikuju od mislî Volfanga Getea i drugih svetski priznatih i obožavanih mislilaca. Često je genije samo beznačajnost na kub.

Nivazio je opet razmišljao o natpisima koje su nepoznate ruke ispisale na golom Psihinom telu: o znakovima nestalnih i prolaznih ličnosti. Kakvo je značenje ovih besmislenih reči iz kojih je prosijavala poneka ideja, misao, sećanje? Bilo koje, sem onog koje ljudi pridaju reči „značenje". Bilo je to prvi put da je Nivazio video, gramatički oblikovano i fiksirano kao neki trajan dokument, ono što naša duša govori samoj sebi u trenucima nezavisnosti i spontanosti, kad je razum ne ugrožava, ne plaši, ne podstiče. Otkrivši ovo, Nivazio Dolčemare oseti kako mu svetlost dodiruje čelo svojim kristalnim dahom.

Tu i tamo između natpisa promicale su neke izolovane reči kao *spermaceto, clivio, cucùsmata*[6] koje Nivazio Dolčemare isprva uze za reči nekog nepoznatog jezika, ali ih uskoro prepozna kao italijanske reči potonule u san zaborava – što zbog svoje drevnosti, što zbog bolesti, što u nedostatku potrebe za njima – koje su se dostojanstveno spustile na Psihinu kožu kao dokumenti u neki arhiv.

---

[6] (Itl.) *spermaceto* – spermacet, žitka mast u glavi ulješure (vrste kita) koja se koristi za izradu sapuna, sveća, itd.; *clivio* – stari oblik od *clivo* – brežuljak; reč – *cucùsmata* prevodilac nije uspeo naći ni u višetomnom rečniku italijanskog jezika. *(Prim. prev.)*

O neznana bogatstva naše duše! Dovoljno je probuditi se iz sna što nas iznutra ispunjava, i kakvih li nenadanih prizora, neslućenih, zadivljujućih! Čovek je mrtvački kovčeg koji sebe nosi mrtvog. Nivazio se seti da je neko jednom rekao da veliki deo današnjeg gledališta ne bi razumeo ni jednu reč iz *Otela,* kad bi se on igrao s naglaskom iz vremena kad je napisan. Nivazio Dolčemare ima u planu jedno preduzeće za Unutrašnji turizam koje bi imalo za cilj istraživanje naše duše. Čovek će prisustvovati nezamislivim i vanrednim prizorima sebe, doći će do neverovatnih otkrića ne pokrenuvši se iz svoje fotelje, ne ustavši iz svog kreveta. Zaroniće u bogatstva, plivaće u moru novine, više neće imati vremena da se dosađuje, želi, hoće; i trgovine, krađe, bitke, ratovi, prestaće kao čarolijom odneti. Zlo će napustiti svet jer će ga pobediti, ne dobro, nego jedan mnogo moćniji i rešeniji protivnik: ravnodušnost. I ljubav će nestati, jer čovek voli ženu, voli decu, voli druge zato što ne zna koliko je plodnija i više uzvraćena ljubav kojom čovek voli samoga sebe. Biće to poslednji ljudi i nakon njih gradovi će ostati pusti, vozovi napušteni sred livada, brodovi zaustavljeni u lukama i usred okeana, ali će život poslednje generacije biti barem uzor spokoja, tišine, sreće. U okviru projekta društva za Unutrašnji turizam, Nivazio Dolčemare ima u planu i jednu salu koja će se zvati „Sala ličnog neba" i u kojoj će svako moći da vidi rekonstruisan nebeski svod iz raznih trenutaka svog života, kao što se u Planetarijumu rekonstruiše nebo Karla Petog, Abelara, božanstvenog Platona.

Sajas nastavi:

„Divna je Apulejeva knjiga, ali možemo li reći da nas potpuno zadovoljava? Postoji u priči o ovoj devojci jedan zagonetan deo koji nam Apulej ne rasvetljava: razlog što joj Amor, koji se svake večeri nevidljiv spaja sa njom, pod pretnjom da će je zauvek ostaviti, zabranjuje, da upozna njegov lik. *Sed indentidem monuit ac saepe terruit, ne quando sororum pernicioso consilio suasa de forma mariti quaerat neve se sacrilega curiositate de tanto for-*

tunarum suggestu pessum deiciat nec suum postea contingat amplexum. U tome je problem, gospodo. Koji je to misteriozni razlog što Amor neće da bude viđen?"

Sajas pljesnu rukama kao krotitelj, i reče devojci: „Hajde, lepotice! Reci ovoj gospodi zašto Amor nije hteo da ti se pokaže."

Jeza prolazi devojčinim telom, i neprekidni zvuk iz udaljenih kutova muzeja podiže ton kao da je napon povećan, i iz mi bemola prelazi u prirodno mi.

„Čućete", dodade doktor, okrenuvši se ka Perditi i Nivaziju.

„Reč je o nečemu što potpuno izmešta problem ljubavi i prenosi ga na jedan novi plan; bolje rečeno: na njegov 'pravi' plan."

Psiha je okrenula glavu i gleda troje posetilaca na način na koji gledaju ptice: iz profila i samo jednim okom, okruglim, blistavim, prevučenim suznom tečnošću, nalik, po svom podmazanom dnu, na sjajnu kuglicu u svom kugličnom ležaju.

„Ma hajde!" obraća joj se Sajas očinskim glasom i ruka mu milostivo dodiruje devojčino rame.

Deo lica oko kružnih i belih očnih kapaka tamnoplave je boje koja postepeno čili dok, na glavi pokrivenoj perjem, sasvim ne pređe u nežno bledoplavu prožetu ružičastim.

Sajas:

„Pogledajte joj lice. Ona se tamnoplavi kao što se mi crvenimo. Znak da misli na nevidljivog supruga."

Pre no što je Sajas zaćutao, zvuk roga izli se u smrdljivi vazduh odaje.

Zvuk je govorio. Rekao je:

„E, da se nik..."

Zagušivši se od klokotâ tečnosti, zvuk roga se gasi. Psiha podrhtava od glave do tabana, klepećući suvo kao kastanjete, kao da joj je centrala muzeja uključila neko električno ložište pod zadnjicom.

Nivazio Dolčemare nije mogao da objasni sebi ovaj zvuk kastanjeta, ali ubrzo otkri razlog u klepetanju koje je, pri vibriranju elektriziranih udova, proizvodio njen dugi pelikanski kljun koji je visio pružajući se pola metra od devojčinog lica, i davao joj melanholičan i karakteristično blesast izraz.

„E, da se nikada nije...“

Kako i ovoga puta klokotanje tečnosti prekida rečenicu, Psiha skida donji deo kljuna, prazni ga od suzne tečnosti koja se unutra sakupila prosipajući je bez ustručavanja po podu, te pošto ga je vratila na vilicu pritiskajući ga palčevima sa strane, kaže:

„E, da se nikada nije ni pokazao!“

Oslobodivši se klokotâ tečnosti, te vrativši se u čisto stanje, Psihin glas zvuči nazalno kao kroz cevastu dijafragmu, nalik zvuku bas klarineta koji se još zove i klarone.

„Hajde, hajde!“ opet će Sajas s nestrpljivim autoritetom. „Ispričaj ovoj gospodi svoj slučaj i zašto tvoj suprug nije hteo da ti se pokaže.“ Okreće se posetiocima: „Kako su glupe razočarane žene! Zanose se zaludnim prekorima.“

Psiha se malo smirila, i dok je nastojala da sabere sećanja, njeno pelikansko oko zurilo je zablenuto u doktorovu cipelu. Ova je tako sijala da bi svako bio zabljesnut, a ne samo ova devojka u bednom stanju, koju više niko i ne pokušava da privuče predmetima koji sjaje. Cipela je ogledalo duše. Čuvajte se odveć sjajnih cipela. One pokazuju egoizam, okrutnost, volju da se slabije biće, pogotovo žena, pretvori u žrtvu.

Samo što Psiha zausti, u udaljenim kutovima muzeja mi *sopracuto* pade za pet oktava. Kao da su se otvorila neka vrata. Kao da se podigao neki zastor.

Devojka progovori:

„Bila sam sirota devojčica, najmlađa od tri sestre. Nije tačno da smo bile kćeri kralja i kraljice, kao što piše naš biograf: *Erant in quadam civitate rex et regina.*“

„Pazi, govori latinski!“ uzviknu Perdita.

„Ne brinite za to, gospođo", objasni doktor. „Poput mnogih koji govore latinski, ni ona ne razume šta priča."

Glas iz zvučnika odjeknu:

„Tišina! Ne prekidajte pripovedačicu!"

Začuđena, Perdita se okrenu oko sebe: nije bilo nikog. Doktor se nasmeja:

„Ne plašite se, gospođo. U ovoj sali stvari se odvijaju same od sebe, a ne posredovanjem ljudske volje. Ako bi se devojci, recimo, javio svrab na njenom gracioznom telu, ona bi osetila da je češu neki vešti i nevidljivi nokti, bez pomoći njenih prelepih ruku. Kad bude došao trenutak da napustimo ovu salu, videćete da ćemo izaći pokretani nekim misterioznim „izlaznim" silama, koje će u nama delovati blago ali neodoljivo. Izumitelj ovih misterioznih sila, koji ih je nazvao „autonomnim voljama", upravo eksperimentiše na njihovoj primeni u društvenom životu, tako da ćemo, pre no što izađemo iz ovog muzeja, posetiti i salu u kojoj se upravo ispituje jedan model savršenog društva, s ljudima koji se kreću, jedu, rade, vole, ali ne zahvaljujući vlastitoj volji i vlastitom nagonu, nego pokretani silom koja emanira iz jedne centrale i kojoj je nemoguće odoleti. Biće to trijumf kolektivizma. Ova ispitivanja uključuju čak i eventualne kvarove na centrali, to jest zaustavljanje ove animirajuće sile, a pravi je spektakl videti sastavne delove ovog društva kako se najednom obrušavaju, i kako nakon savršeno organizovanog života nastupa nepomičnost i tišina smrti."

Perdita se zamislila.

„Doktore, nije li i taj život vid smrti?"

Mudri Sajas ne odgovori ali joj dade znak da sluša Psihu.

Dok su Perdita i Sajas razmenjivali gorepomenute reči, Psiha je i dalje pričala. Očito je da kad jednom krene, Psihu ništa ne može zaustaviti, prekinuti, skrenuti. Je li ona živo biće, ili nekakva mašina? Sumnja muči Nivazija Dolčemarea da je ova predstavnica naše duše samo jedna bezdušna figura. Gde je istina? Savršenstvo s kojim podražava čak i nesavršenstva prirode, čini još nedostupnijom njenu tajnu. Uostalom, zalud bismo nastojali da proniknemo u tu tajnu, polazeći od principa koji su još uvek na snazi u oblasti saznanja prirode stvarî. Niti je prilika da izvedemo neku od takozvanih „transmutacija vrednostî", uzimajući za prirodno ono što se smatralo veštačkim, i obratno. Ovaj ničeanski i detinjasti postupak naveo bi nas da dvaput napravimo grešku koja zamagljuje ljudski um. Čovek misli loše jer misli cirkularno. Stalno se vraća na iste misli, i uzima za nove misli *drugo lice* već mišljenih misli. To je klasična misao. Zatvorena misao. Konzervativna misao. Misao koja u svom središtu nalazi Boga. Ko smogne hrabrosti da se odrekne ovog „božanskog" razrešenja, probija obruč i kreće pravim i slobodnim putem koji ne poznaje cilj, ne poznaje razrešenje jer je beskonačan.

Ono što je Psiha rekla dok su Perdita i Sajas razmenjivali reči surogate*, otišlo je u vetar, ali ne treba zbog toga žaliti, jer u devojčinoj priči nema prekida kontinuiteta. Psiha nastavi:

„Glavni junaci priča uvek su kraljevi ili kraljevska deca, pa je jasno da Apulej nije želeo da odstupi od toga. Na žalost, moj slučaj nije bajka, nego tužna stvarnost. Tata je zauzimao veoma važan položaj: bio je prvi pornograf** u Ministarstvu za Milost i Pravosuđe. Zimi bi navlačio na lice pocepanu vunenu čarapu jer se kancelarije ne greju, a bio je razrok. Mama je prljala kuću, šila ručak i kuvala naša odela. Zvali su nas sestre Karnéri jer

---

* U originalu stoji „reči gorepomenute" *(surriferiti)*, ali se slagaču to nije svidelo, pa je stavio „surogati" *(surrogati)*. Ne možemo ga kriviti.

** Nismo uspeli da shvatimo šta Psiha podrazumeva pod „prvim pornografom". Prvo smo pomislili da se iza reči pornograf krije stenograf, ali ma koliko sklona greškama, teško da bi Psiha pomešala dve tako različite reči. Na kraju smo shvatili da je pornograf ispravna reč i da u Ministarstvu za Milost i Pravosuđe stvarno postoji resor za pornografiju, samo strogo skriven od očiju sveta.

je mama, kako bi nas učinila privlačnijim, ukrašavala naše haljine nizovima crnog luka. I naša izuzetna lepota takođe je preterivanje. Ne kažem da smo bile ružne, ali nismo bile ni tako lepe kao što je hteo Apulej. Recimo lepuškaste. Ne obraćajte pažnju kako sada izgledam, više ne vodim računa o sebi a od bolova mi je kljun ispijen, te se samo smejem. Moj pelikanski kljun nekada je blistao kao zlato, ali, opet, pre nego lepe, ja s pelikanskim kljunom, moje sestre jedna s nojevim, druga s pačijim, moglo bi se reći da smo bile osobene.

Tata je bio stidljivko. Mama, naprotiv, energična i autoritarna. Ovakva inverzija žene i muža nije tako retka pojava, i u takvim slučajevima obično se kaže da je čovek oženio ženu u pantalonama. Ali o tati se nije govorilo samo ovo: govorilo se i da je oženio ženu s bradom i brkovima, jer mama je imala par divnih brkova i bradu kao patrijarh. Sada je mamina brada pobelela i proredila se, ali je nekad bila jake tamnoplave boje mora, i kad bi mama izlazila u društvo odevena u večernju haljinu, bio je to praznik za oči, ne biste mogli da zaboravite tu ženu dekoltiranu do butina, s čipkastim rukavicama sve do iznad kolena, i s bradom razdeljenom u male kikice, od kojih je svaka bila vezana trakom drugačije boje. Ova gospoda su svetski ljudi, i sigurno ste već shvatili da je tata dozvoljavao mami da izlazi u društvo, dekoltovana do butina, zato što je njena plemenita i čedna brada skrivala ispod svog obilnog krzna delove koje žene obično ne pokazuju u društvu. Šta da vam još kažem o svojim roditeljima? Iako je bila energična i autoritarna, mama nije mogla da nas doji pošto joj je lekar propisao homogaloterapijsku kuru, te je jedan deo svog mleka pila sama a od drugog pravila mlad sir kojim se mazala po telu da bi sačuvala mekotu kože. Da li se iko ikada posvetio svojoj porodici kao što je to naš otac? Pravim čudom od volje, tata je uspeo da izazove mleko, i to ne mleko bez kajmaka i hranljivih sastojaka, nego jako i gusto, te je nas tri sestre, plodove porođaja trojki koji su novine svojevremeno pozdravile rečima drhtavim od uzbuđe-

28

nja, dojio sve dok nismo stasale u gospođice za udaju, tako što bi dve veće bile zakačene za dojke po propisu, dok sam ja, kao najmanja, bila zakačena za dodatnu dojku koja mu je za tu priliku bila izrasla na ramenu, i koju mu je naš porodični lekar hteo da odstrani smatrajući da je reč o tumoru. Časovi sisanja poklapali su se sa časovima službovanja, te je u ministarstvu svima za primer bio ovaj sposobni činovnik koji bi jednom rukom završavao svoje predmete a drugom pružao bradavice svojim kćerima.

Siroti tata!... Ali zašto kažem 'siroti'? Pa tata je još uvek živ, štaviše, pošto je dvaput bezuspešno pokušao da umre, proneo se glas da je besmrtan. O tim stvarima ja ne mogu da raspravljam, budući da sam sirota ignorantkinja, ali u čemu je problem, pitam se, ako je neko besmrtan? Kako se saznalo da tata ne može da umre, čitava familija, ujaci, ujne, braća i sestre od stričeva, šuraci i šurnjaje, uskratiše nam pozdrav. Mama kaže da je u pitanju zavist, te je nedavno napravila tortu s premazom od otrova za miševe i pozvala rođake na porodični skup, i kad svi behu otrovani, prodade njihovu kožu jednoj umetničkoj knjigoveznici a ostatak fabrici za konzerviranu hranu.

Naši roditelji stalno su razmišljali o tome kako da nam nađu muževe. Njihova volja težila je samo ovom cilju, nesalomiva poput volje generala na bojnom polju. Mama nas je terala da svaki dan pravimo duge šetnje bulevarom i gradskim parkovima. Sama bi nas pratila hodajući trotoarom, odakle nas je držala na oku skrivena u gomili i odevena kao dečak da ne bi uplašila ribe koje bi eventualno htele da zagrizu. Kući bismo se vraćale nogu raširenih kao harmonika, dok bi nam se stopala pušila. Zbog štednje ne bismo večerale, ali bi nam tata, koji je imao istinski dar za pripovedanje, dočarao ručak za taj dan, obogaćujući ga mnogim ugodnim pojedinostima koje su pravom ručku nedostajale. Reči su mu bile tako uverljive, da bismo nakon izvesnog vremena morale da mu kažemo: 'Dosta, tata, ne treba nam više ništa'. Zapravo, 'dosta, tata, ne treba nam više ništa' govorila bih ja, i zbog toga sam bila njegova omiljena kćer. Moje sestre govorile bi: 'Dosta, tata, našoj žudnji ne treba više ognjila'. A onda ih je tata kažnjavao a one plakale, jer tata je govorio da je Dante propast za porodicu, ali ja se u te stvari ne razumem. Pre odlaska u krevet, klečeći u sobi, proklinjale smo* Svetog Antonija da nas što pre oslobodi devojaštva, kako više ne bismo bile ne teretu našem sirotom tati, koji je patio od žuljeva na nogama i promrzlina na rukama i još trošio oči nad aktima tog skrivenog resora.

Da biste udali devojke bez miraza i posebnih kvaliteta, morate ih učiniti provokativnim nalik na javne žene i istovremeno ih naoružati svim zaštitama poštenja i morala; i u tome je naša majka bila zaista prava majka.

Tata je hvalio vrline svojih kćeri u uredu, i organizovao male zabave u kući kako bi nas upoznao sa svojim kolegama. Da bi zabave bile uspelije, mama je spremala kolačiće dodajući im kantaridin i druge afrodizijake, i kad bi gosti seli u salon, svlačila nas i ostavljala samo u tunici, dok bi ona i tata odlazili da se prošetaju, prepuštajući nas društvu ovih vrlih činovnika. Ali, po svemu sudeći, sve tatine kolege bili su homoseksualci, jer dok bismo mi stajale nasred salona, iščekujući i cvokoćući zubima od hladnoće, oni su izvaljeni na divanima vodili žive razgovore, tamanili mamine kolačiće a da im pri tome nosevi ne bi ni porasli ni promenili boju, zatim ispijali do dna boce marsale, trpali u džepove srebrne kašičice i neke manje delove pokućstva, da bi na kraju odlazili čak se i ne pozdravivši s nama.

Jednoga dana poželesmo da saznamo šta to toliko zanimljivo imaju da kažu jedni drugima ovi činovnici ženomrsci, te uđosmo u salon skroz gole ali svaka sa svojim malim akustičnim rogom na uhu.

---

* Proverili smo u tekstu: reč koju je Psiha upotrebila stvarno je „proklinjati". Očito da za ovu neobrazovanu devojku reči „proklinjati" (imprecare) i „preklinjati" (deprecare) imaju isto značenje.

Jedan je pitao: 'Kako ti je ispao tromesečni bilans?' Upitani je odgovarao: 'Nije loše, ali još nisam zadovoljan. Radiću celu noć a možda i ceo sutrašnji dan. Nije meni važno samo da ukupan zbir bude tačan, ja želim estetski savršen zbir, visok i vitak, čistih i harmoničnih linija poput antičkog stuba.' Šta da čovek očekuje od tako ambicioznih činovnika? Njihov život već je bio posve ispunjen jednom velikom ljubavlju, naime ljubavlju prema kancelariji. Iako su naše gaće imale raznobojne kamenčiće, oni su više voleli gaće za svoja akta. Jedne noći, nekoliko njih ušli su u kancelariju pomoću lažnih ključeva i potom bili zatečeni kako goli golcati bludniče s registrima dvojnog knjigovodstva. Kad pomislite da državu opslužuju tako revnosni činovnici, nije ni čudo što je tako jaka.

Perdita šapatom upita Sajasa: „O kojoj to državi govori?" Pre no što je Sajas stigao da odgovori, odjeknu ponovo zvuk iz nevidljivog zvučnika: „Tišina! Ne prekidajte pripovedačicu!"

Psiha nastavi:

„Posle neuspelog pokušaja s kolegama iz ureda, tata objavi oglas u novinama. Sastavljanje teksta oduze ceo dan. Tata je hteo da se zadrži na opštim naznakama, ali je mama insistirala da se precizno navedu dimenzije nekih delova našeg tela, kao što su obim grudi, otvor između butina, veličina guzeva, i na kraju njeno mišljenje prevagnu. Uprkos tome javiše se samo dva kandidata. Prvi pošteno priznade da ga je, kao i Erazma Roterdamskog, u detinjstvu ujela svinja i odgrizla mu polni organ*; drugi reče da je spreman da uzme za ženu jednu od

---

* Umesto sesso (polni organ) moje pero napisalo je sasso (kamen). Veoma osobit slučaj „obrnutog" lapsusa. Lapsus ima psihološko značenje kad se u izvesnom smislu irelevantna reč zameni rečju u izvesnom smislu signifikativnom. Ovde se, međutim, dogodilo obrnuto: signifikativna reč sesso zamenjena je irelevantnom rečju sasso. Znak da naša podsvest čuva manifestabilna osećanja i, u isti mah, reči koje ih izražavaju i kojima nastoji da sakrije nemanifestabilna osećanja naše svesti.

nas tri, bilo koju, pod uslovom da mu se dozvoli da noć provodi van kuće, kako bi mogao da se sastaje sa svojim mladim prijateljem. Pored toga, obojica su tražili da budu izdržavani, da dobijaju novac za cigarete i kafu, kao i propusnice za najbolje kupleraje u gradu.

Pošto se novinski oglas pokazao kao neefikasan, tata dade da se odštampa obaveštenje u kome je stajalo da će onaj ko bude uzeo za ženu jednu od nas tri, moći da uživa i druge dve sestre i, bude li hteo, i majku, čak i oca, te ga razdeli u klubu plemića, u krugu vojnika i trgovaca, zatim postavi na ulazima hotela, poslastičarnica i u izlozima radnji s muškom odećom. Ali ne javi se niko.

Obeshrabreni, naši roditelji odrekoše se reklamnih načina za traženje muža, zatvoriše se u kuću i ubrzo se predadoše turobnoj homofoniji. Nama devojkama zabraniše da se zadržavamo na odmorištu, da se pokazujemo na prozoru, čak i da odlazimo u javne nužnike. U zanosu samopregora, tata uzviknu: 'I niko neće da oženi moje ćerkice? E pa, oženiću ih ja!' Siroti, mili tata! Mama se umeša u pravi čas i šutnu ga tako ekspresivno u dupe da je petnaest dana morao da leži na stomaku.

Ima li jos lakoumnika koji veruju u delotvornost reklame? Ono što nisu mogli novinski oglasi i reklame, uspeše tišina i zaborav. Nemajući više priliku da ih gleda kako prolaze gradom od ranog jutra do duboko u noć, mrtve umorne ali usmerene ka svome cilju kao trkači ka poslednjem kilometru maratona, svet stade da govori: 'Šta je sa sestrama Karnéri?' 'Jesi li video sestre Karnéri?' I pošto su na ćoškovima ulica crvene strelice pokazivale put do naše kuće, pretendenti na naše ruke, koje je tata klasično zvao proscima, počeše da se slivaju u našu ulicu, da prave gužvu pred kapijom, da stvaraju mokre redove na stepeništu, i to u tolikom broju da je tata morao da telefonira u upravu policije kako bi mu poslali agente da regulišu saobraćaj. Uprkos prisustvu pripadnika javnog reda, ili možda upravo zbog toga, strašne tuče izbijale su kao pupoljci između srčanijih, te se mnogi uspeše na nebo kao žrtve svoje bračne vernosti. Zaludno žrtvovanje tolikih genitalnih nadobudnika! I dok su prosci i dalje prskali stepenište naše kuće svojom plemenitom krvlju, moje sestre već su se bile spustile padobranom u dvorište, noseći svoje muževe obešene za mošnice, i krenule na svadbeno putovanje tramvajem. Obe su sklopile brak iz ljubavi i sada gledale kako se ostvaruje njihov životni san. Ali tramvaj beše krcat i u toj pometnji moje sestre ostadoše udovice, kao dve crne tapacirane fotelje ukrašene trouglom od bele čipke na vrhu naslona. Ruka proviđenja prepoznaje se u malim stvarima. Otac nas je vaspitavao spartakovski*, te iako su izgubile muževe u tramvaju, moje sestre ne klonuše duhom, nego svaka saopšti svoju nesreću putniku do sebe i ovi ih s puno takta stadoše da smiruju; i jedan od njih, obraćajući se mojoj sestri, uzviknu jakim i inteligibilnim glasom, da bi ga svi čuli i da bi bilo jasno da se ne radi o međunarodnim lopovima: 'Nemojte se brinuti, gospođice: oženiću Vas ja.' Kad tramvaj stade, moje sestre iziđoše na prednja vrata sa svojim novim muževima, koji im ne pomogoše da siđu kao što to čini neotesan svet, nego ih elegantno gurnuše na zemlju.

Jedan je bio profesor oboe, drugi ambasador. Ambasador beše ponosan što može da se pokazuje na dvorskim balovima sa ženom koja je na glavi nosila vlastito, a ne tuđe nojevo perje, kao što su to činile žene njegovih kolega. Ljudi bi mu često govorili: 'Mora da ste srećni što ste našli ženu s pravom nojevom glavom. Danas su tako retke devojke s nojevim glavama!' Na šta bi moj zet, naduven od ponosa, odgovarao: 'Nema ona samo glavu noja, nego i stomak.' Na kraju diplomatskih ručkova, a na molbu gospodarice kuće da pokaže svoje probavne sposobnosti, moja sestra gutala bi escajg i slanike, koji se se stepenasto spuštali niz njen alabasterski vrat. Oduševljene ovim, prisutne gospođe vadile su čepove iz ušiju, skidale ogrlice od bubrežnog kamenca, te analne prstenove, i molile moju sestru da ih proguta. Da ne bi

---

* Naravno, Psiha je htela reći „spartanski".

33

zaostali za damama, ambasadori skidaše ostatke od jela sa grudi, a predstavnici visokih finansijskih krugova, te sveta nauke, umetnosti i književnosti, skupljali su biserna govanca rasuta po svojim grudnjacima i ljubazno ih pružali mojoj sestri da i to proguta. Ako bi kojim slučajem bio prisutan i kakav veledostojnik iz bramanskog klera, on bi skinuo zlatnog slona sa grudi i svoj episkopalni prsten sa ruke, pa bi je očinski nagovarao da ih proguta. Na večeri u mongolskoj ambasadi, dogodi se i jedna dirljiva scena, naime, sam majordom zamoli moju sestru da proguta njegovu uštedevinu, kao i uštedevinu koju mu behu poverile sluge; i moja sestra, koja ne ume da kaže ne, proguta i to. Sutradan izjutra, sedeći na noši ambasade, koja je diplomatska noša i na koju niko sem ambasadora i prvog sekretara nema pravo da stavi svoju ruku, moja sestra porodi uz pomoć babice predmete progutane prethodnog dana, i tako dobi svoju dedovinu te se oduži mome zetu koji je oženio devojku iz tramvaja i bez miraza. Dobro je govorila naša majka onim vetrogonjama što odbiše naše ruke videvši da su prazne: 'Ne brinite se zbog miraza, momci: nećete imati miraz, imaćete miraze.'

Tata je govorio da su se moje sestre sjajno udale, i beše, sirotan, tako zadovoljan da mu se razroke oči vratiše na mesto; ali od tog dana izgubi vid. Otuda i izreka 'srećan čovek, slep kod očiju', na koju je moja porodica jako ponosna, jer je i ona ostavila nešto otadžbini.

Drugi moj zet, profesor oboe, voleo je da mu žena, dok on svira, sedi kraj njega i prati ga čineći kljunom 'kva, kva', što je moja sestra radila izvanredno, budući da je imala poslednji model pačijeg kljuna opremljen najmodernijim dodacima. Kad su se lepo uvežbali, on da svira pogrebni marš iz *Sumraka bogova,* ona da čini 'kva, kva', krenuše na putovanje po Evropi i Americi i svuda su imali puno uspeha. Jedne večeri, pred auditorijumom Tegusigalpe, prestonice Hondurasa, na kraju koncerta svi slušaoci skočiše na noge kao jedan i u delirijumu oduševljenja isprazniše na sceni boce smrdljivog gasa, koje ovi predostrožni građani nose, i danju i noću, obešene oko vrata između kože i košulje, na mestu na koje drugi, manje brižni za svoje fizičko i duhovno zdravlje, stavljaju zlatne krstiće, amajlije ili, ako su udovci, medaljone s izmetom što ga je sirota supruga izbacila. I tako, ova dva čudesna umetnika koji posvetiše svoj život umetnosti, imali su čast da, za umetnost, i umru.

Ostadoh još ja za koju se govorilo da sam najlepša, jer su devojke s pelikanskom glavom bile veoma na ceni, za razliku od onih s guščijom koje su smatrane običnim, no, srećom, nijedna od nas tri nije došla na svet s guščijom glavom. Pa ipak, niko ne zatraži moju ruku, i već se skoro pomirih s tim da počnem da upražnjavam samačku ljubav, služeći se sredstvima koja su bila odlična imitacija i proizvodila autonomne pokrete*, kad mi jednoga dana stiže na kuću anonimno pismo.

Pismo nije bilo samo anonimno nego i potpuno prazno, iz čega zaključismo da je napisano na papiru sa zvučnim filigranom. Primakosmo uši čistom listu i ubrzo čusmo sledeće reči izgovarane glasom koji je curio kao neka neobična slina:

'Psihinim genitalijama**',

'Najmoćniji sam čovek na svetu, zapravo više nego čovek, pošto sam koren života i gospodar ljudi *deorumque* ili *anthropòn te.* Zovu me Gospodar Svega, ali ne smete saznati ni ko sam ni kako se zovem. Video sam malopre vašu kćer kako stavlja insekticid na stidnicu i odlučio da je učinim svojom ženom, jer upravo sam tražio devojku koja vodi računa o svome telu. Planirani brak biće sklopljen, ali pod uslovom da se poštuju moja nevidljivost i moja anonimnost. Sutra u deset moj auto-

---

* Radi šireg objašnjenja u vezi s radom ovog instrumenta, videti *Achille Innamorato misto con L'Evergeta* od Alberta Savinija; ali ne u pročišćenom Valecchijevom izdanju, nego verziju integralno objavljenu u *Le Surréalisme au Service de la Révolution*, 1933.

** Nismo mogli da vidimo original praznog lista, ali smo sigurni da su „genitalije" alteracija od „roditelji" *(genitori).*

mobil biće pred vašom kućom, na usluzi, slušajte me dobro, *samo* nevesti.'

Uto ućuta slinasti glas i mi ostadosmo sami s našom zapanjenošću strogom i hladnom poput stuba od babala- stera*. Mama je bila veoma impresionirana jer se miste- riozni autor ovog praznog pisma nije obraćao direktno meni, nego mojim genitalijama**. Reče: 'Moj budući zet ne želi da ga upoznamo i šta se tu može, ali je jasno da je jedna fina osoba.' Te će meni: 'Hajde, kćeri, spremaj se za veliki korak.' Ali tata je zaustavi: 'Polako. Otkuda mi znamo da li je dolepotpisani, koji se dole ne potpisu- je, dobronamerna osoba ili neki lovac na nedužne?' Moj zet diplomata, diplomatski reče: 'Možda je neko iz poli- cije.' Što se tiče mog drugog zeta, profesora oboe, on i ne otvori usta jer je bio mrtav, ali načini gest rukom koji je označavao punu slobodu u običajima. Mama je vrlo brzo izvukla i poslednje sumnje iz tatine glave pomoću srebrnih klešta, koja je iz opreznosti stalno nosila zaka- čena za levu sisu: a onda me odvede u stranu i dade mi savete koje svaka majka daje svojoj kćeri na pragu brač- ne ložnice. Reče mi: 'Uglačaj dobro butine voskom, jer je butina namazana voskom glavni ženin rekvizit ukoli- ko želi da bude poštovana; zapamti dobro da o tome obavestiš muža, jer ako se on, ne daj Bože, oklizne i iš- čaši *pellardello****⁷, ti ćeš biti kriva. Menjaj krzno bar jednom nedeljno, jer žena koja ponudi mužu više od dva

---

* Još jedan primer zvučne konfuzije, čest kod ove diletantkinje: „babalaster" umesto „alabastera". Slične greške pravio je i Napole- on I. Govorio bi rente voyagère (voyager – putovati) umesto rente viagère (doživotna renta).

** Ibidem.

*** I ovo je jedna od reči koje Psiha koristi drsko i sigurno, a koje se ne mogu proveriti u rečniku. Ostaje nam da ih interpretira- mo slobodno.

⁷ Reč *pellardello* ne može se prevesti, jer je ni autor „nije mo- gao pronaći u rečniku", ali osnova reči je verovatno *pelle* (koža), potom je dodat sufiks -*ardo*, koji se obično koristi za građenje supstantiviranih prideva s pogrdnim značenjem, i na kraju sufiks -*ello*, koji se koristi za građenje deminutiva. *(Prim. prev.)*

puta isto krzo, brzo dosadi. Ponajpre biraj krzno ošišanog jagnjeta koje je među svim krznima najprikladnije i ima najsigurniji učinak. Stavljaj svoje mirise, jer žena bez mirisâ u postelji hlapi. Takođe i rumenilo, ali na one delove tela koje ti muž još nije video, i to blago rumenilo, da ti muž ne bi rekao: 'Oženio sam ženu koja menja mišljenje.' Završivši s nabrajanjem saveta, majka me blagoslovi kako to samo ona ume, pljunuvši me materinski u oba oka, te se zagrlismo plačući i cureći kao fontane. Provedoh jednu belu noć. Svog budućeg muža zamišljala sam kao osobu dečačkog stasa, odevenog poput devetogodišnjih pijanista u kratke pantalone i s čipkastim okovratnikom na baršunastom ogrtaču, ali, s velikom glavom lava. Avaj! šta vredi zamišljati budućeg supruga, kad nemate pravo da ga vidite?

Sutradan, u zakazano vreme, luksuzni automobil zaustavi se tiho pred našom kapijom: bio je potpuno prazan. Ceo kvart se izlio na ulicu da bi posmatrao moj odlazak. Jedni su mi pljuvali u lice, drugi su skidali pantalone i pokazivali mi svoje zadnjice, svi su se nadmetali u pokazivanju osećanjâ i živo učestvovali u mojoj žalosti. Prozor na automobilu otvori se sam, zviždeći početak Mendelsonovog svadbenog marša*. Koristeći priliku što u automobilu nije bilo nikog**, neki 'ljudi ulice'[8] pokušaše da uđu zajedno sa mnom, ali dok sam ja ulazila lako i čak bila usisavana nekim čudesnim vrtlogom, oni behu odbačeni nazad žestokim vazdušnim udarom te zalepljeni za zid kuće, gde se njihova tela odmah pretvoriše u

---

* U prvim izdanjima svadbeni marš koji je zviždukao prozor bio je *Lohengrin*, ali je u narednim izdanjima Vagner zamenjen, očito iz rasnih razloga, Mendelsonom.

** Čak ni vozača. Prvo su mislili da se vozač sakrio iz stida da ga ne bi nazvali „autistom", međutim, saznalo se posle da je vozač bio tu, ali je bio nevidljiv, što spada u opštu nevidljivost ovog nevidljivog braka.

[8] Idiom *uomo della strada* u italijanskom označava običnog čoveka kojeg možete sresti na ulici. Savinio voli da idiome pogleda „oneobičeno", izvan njihove „konsenzualne" upotrebe.

vlažne mrlje ljudskog oblika; i psi su lizali njihovu krv razlivenu po zemlji. Žrtve lude nesmotrenosti, kukavci! oni nisu znali za pismo Gospodara Svega, u kome je jasno rečeno da će kola biti na usluzi samo nevesti. Prozor na automobilu zatvori se sam, zviždeći početak Mendelsonovog svadbenog marša, ali u obrnutom smeru, što pokazuje bolje od ma koje teorije da je svadbeni marš sklon reverzibilnosti. Pogledah poslednji put roditeljsku kuću koju sam napuštala zauvek; tata i mama behu na prozoru da bi mi rekli poslednje zbogom, ali brižni da me ne rastuže maskom svoje tuge, pretvoriše se u dve vaze sa cvećem*, veću koja je bila mama, i manju koja je bila tata.

Automobil najednom uzlete i ubrzo nadvisi najviše krove** grada; i uskoro, grad iza naših leđa beše belo jezero sred ravnice i plovismo iznad mozaika od obrađenih parcela. Ali automobil se i dalje uzdizao i malo zatim nadletali smo ne više pejzaže zemlje, nego same pejzaže vazduha koji se odozdo ne mogu videti, kao što se čovek ne može videti ako se gledaju đonovi negovih cipela, kao ni saznati njegove misli.

Pristali smo na stepenište jedne zgrade bez presedana. Spoljni zidovi bili su napravljeni od ljudi od kristala svrstanih u grupe po četvorica, naizmenično vertikalne i horizontalne, i jednog niza žena od fiberglasa koje su sedele na poslednjoj muškoj grupi i obešenih nogu predstavljale oluk. Ali zašto oluk, kad je u ovim krajevima čak i sećanje na kišu zamrlo? Trube zasviraše, usta zapevaše. Ne samo prozor, čitav automobil se rastvori i rastopi na svetlosti, i nađoh se sama, usamljena kao usred nečujnog vrtloga perce tek otpalo s lastavičjih grudi, ptica luda, na tom stepeništu sazdanom od ispruženih ruku vezanih isprepletanim prstima, svetlucava kao šećer na suncu, neograničena kao neko mermerno more.

---

* I ti, čitaoče, kad vidiš na nekom prozoru dve vaze sa geranijumima ili slčnim biljkama, pomisli da je možda neka od tih biljaka tvoja mama ili tvoj tata.

** Osobit feminilan vid od „krovovi", koji ovde nalazimo, prvi put je upotrebljen.

Sama sam bila i oko mene sve prazno, a ipak sam osećala s leve i desne strane blještavog stubišta dvostruki red paževa, koji su se klanjali kako sam ja prolazila. Neverovatan utisak! Videti da si sam, a opet osećati da možeš izvesti one neophodne pokrete – koje nam Samoća, naša prava majka, omogućava – kao što su podići haljinu i počešati stidnicu, pustiti vetar što steže ulaz u zadnjicu; a uz to, i zabrinutost da se na ovom živom stubištu neka od otvorenih šaka ne skupi odjednom na mome stopalu i odvuče me u ambise vazduha.

Bila sam bez volje, a ipak sam htela. Bila sam bez znanja, a ipak sam znala. Bila sam ravnodušna, a ipak su me koraci nosili sigurno, jer – slušajte me dobro! – moja stopala su znala, iako su ih samo ubogi žuljevi krasili, ono što je glavi bilo nepoznato.

Tada se prve sumnje javiše. Osvrnuvši se oko sebe, pomislih: toliki sjaj ne može biti prirodan. Ova preterana raskoš izvesno skriva nešto što ne treba videti. Uz to, od najgoreg ukusa. Ali šta je dobar ukus? To je lažni cvet. To je pozni cvet. To je cvet našeg doba. To je cvet dekadencije. To je izraz najstrašnije nezgrapnosti i pogibeljnog prostaštva. To je put koji vodi u trezveno, u sivo, u negativno. Ali šta ćemo onda? Avgustov Rim, Periklova Atina, sa svojim zlatom i ulaštenim stubovima, teraju nas na povraćanje: da ne govorim o Tebi Amenemheta III.

Uđoh u palatu sprovedena gustim mnoštvom nevidljivih upozorenja i na kraju niza odaja punih svake raskoši, ali pustih na isti način, stigoh u odaju koju, bez ičije pomoći, prepoznah kao nevestinu sobu, zapravo operacionu salu koja je, u stvari, bila jedna ogromna i kristalna vulva ali mekanih baršunastih zidova, propisno vlažna i savršeno podmazana. Miris mi potvrdi da se nisam varala. Bila sam stigla do krucijalne tačke svoje ženske sudbine. Moj čas samo što nije kucnuo. Sada sam već bila ono što je iz fatalnih razloga trebalo da budem, i pomirena izvalih se na krevet oblika mrtvačkog

39

sanduka koji me uze u svoje ruke kao majka sina, kao babica rodilju, kao što nas majka zemlja prihvata mrtve.

Usluga je, iako su je vršile nevidljive ruke, možda upravo zato, bila besprekorna *et solas voces famulas habebat*. Mene, najcenjenijeg gosta ovog pustog gineceja, samo su ženski elementi okruživali. Bila sam kvinta jednog akorda ženskosti. Ženski je bio krevet, ženski patos, ženska tavanica, ženski i sam vazduh koji sam udisla i ja, žena, ništa drugo do žena, imala sam utisak da sam okružena nekim zatvorenim, nepremostivim ženizmom.

U ovoj Alčininoj palati, gde ubrzo ispod maske raskoši prepoznah kliniku za najokrutniju od svih bolesti, sve je funkcionisalo potpuno automatski, u neumoljivom redu. Ništa ne beše prepušteno slučaju, još manje razmišljanju; sumnja i neizvesnost behu sasečene u korenu.

Dva ženska elementa, koji su nevidljivo delovali na ovom mestu, primakoše se mom krevetu i u njima, po mirisu, prepoznah dve bolničarke. Dolazile su da mi daju ricinusovo ulje i konjak, te kako su bile nevidljive, dve čaše, manja i za njom veća, stupale su ka meni, klizeći u vazduhu na metar i po od poda.

Osetih se kao u detinjstvu kraj mame koja nas, uz blage šamare, tera da uzmemo ulje. Malo je nedostajalo da se bacim prema zidu, uvučem pod pokrivač, da stisnem zube, ali, za razliku od od bestidnog detinjstva, sada sam bila robinja nekog očvrslog stida. Morala sam da saspem u grlo sadržaj veće čaše, nakon čega je, ne ostavljajući mi vremena da uzmem daha, usledio sadržaj manje. Da li verujete? Nisam osetila ništa... Nisam osetila ništa, u toj meri da usled nekog razočaranja s kojim nisam računala, pokušah da u tom ništavilu prizovem barem sećanje na omraženi miris.

Krajem dana – purgativ je u međuvremenu uradio svoje... Ali zašto 'krajem dana'? Svaka podela dana na delove bila je iščezla i moj život sada se rastopio u jednu večnu i neopisivu noć – videla sam kako se mom krevetu približavaju brijaći aparat u nasapunana četkica za brijanje, i ovi instrumenti, pokretani, da li nevidljivim rukama bolničarki ili nekog drugog, nasapunaše mi i obrijaše stidnicu zadivljujuće lako.

Kad su se završile pripremne radnje, osetih kako prilazi ona koja je među slugama ove ordinacije za ljubav bila najvišeg ranga. Hladan dah uđe mi u nozdrve, zapovednički glas bezlično reče: 'Dišite duboko.' Beskonačnost te beskonačnosti obavi me beskonačnošću i bez snage, bez volje, bez želje, ja se prepustih.

To je, dakle, ljubav? To je onaj veliki događaj koji mi devojke očekujemo kao zemlja sunce?... Glasovi bez tela koji me *novam nuptam interfectae virginitatis curabant*, rekoše mi da je operacija uspela.

Sledeće noći operacija se ponovi, manje hirurška, istini za volju, štaviše obogaćena stanovitim zadovoljstvom, a narednih noći ovo zadovoljstvo postade naglašenije. Postepeno sam se zaljubljivala u svog hirurga; kao što saznah kasnije, dešava se to svim gospođama koje se zbog ptozisa materice ili nekog sličnog oštećenja genitalnog aparata, podvrgavaju operativnom zahvatu.

Počesmo čak i da pričamo, ali samo u mraku da ne bismo prekršili postojeću zabranu. Čuti glas moga muža, bila je to za mene uteha, glas koji beše neverovatno blag, ili je bar meni tako zvučao. Ali želja i odmah zatim radoznalost da ga vidim kako izgleda, spržiše mi prvo kožu, potom meso ispod kože, i na kraju i utrobu i onda ne izdržah više.

Budući da ste obrazovane osobe, sigurno ćete znati kako su se stvari dalje odvijale. Jedne noći, pošto se završila uobičajena operacija i kad se moj muž uspavao (govorljivost iz prvih dana beše oslabila i sada je Gospodar Svega operisao u tišini i odmah zatim padao u san), pružih ruku van kreveta, pronađoh prekidač u obliku kruške i pritisnuh palcem dugme. I tada..."

Perdita, koja je dotad pratila Psihinu priču s velikom koncentracijom misli i s onom nevericom koju dete pokazuje pred stvarima što nadilaze njegovu inteligenciju, prekide najednom pripovedačicu i, s neumesnošću za svaku osudu, uzviknu:

„Tada ti vide mekane pramenove na zlatnoj glavi, vlažne od ambrozije, vrat kao mleko, i grimizne obraze nežno uokvirene kovrdžama puštene kose, rasute na grudima i leđima, i tako blistave da se čak i svetlost svetiljke kolebala."

Iznenađena, Psiha zaćuta i usmeri pogled ka Perditi. Njeno okruglo ptičje oko, od čuđenja se još više zaokruži.

„Na leđima krilatog boga", nastavljala je Perdita, ushićujući se i paleći u licu, „orošena krila sijala su iskričavim sjajem te, iako behu skupljena, neprestano su podrhtavala i treperila sve do ljupkih paperjastih rubova. Ostali deo tela beše gladak i lep..."

Psiha ovde savlada svoju začuđenost i prsnu u grohotan testerasti smeh, koji je u njenom pelikanskom kljunu odjekivao kao da se drvo smeje.

„Koješta!" vrisnu Amorova nevesta. „Gluposti! Gluposti i laži! Eto šta znači propaganda! Eto dokle sežu laži jednog besramnog romanopisca! Mekani pramenovi! Vrat kao mleko! Grimizni obrazi! Jadna ja! Jadne mi! Jadne sve mi žene!... Želela sam da lampa iznad mog kreveta isijava zrake tame, umesto zrake svetlosti. Ali najpre postavimo stvari na svoje mesto: nije bilo uljane svetiljke kao što danuncijevski kaže Apulej, nego samo obična sijalica od dvadeset pet sveća tipa *mignonne*. Želela sam da sijalica crkne. Da se prekidač pokvari. Da osigurači izgore. Želela sam da se svetlost zauvek ugasi na svetu. Da se sunce iscrpe u jednom jakom i definitivnom proplamsaju. Da od smolne baklje do neonskog osvetljenja, svi sistemi rasvete nestanu u trenu, kako bi sakrili od mene ono što videh tada: stvar ružniju, gluplju, porazniju, nepristojniju, bezobličniju, bestijalniju, neljudskiju, komičniju, gnusniju, alogičniju, grotesknjiju, opsceniju, negledljiviju nego što je ljudsko oko ikad videlo!...

I to je bio moj muž! To Gospodar Svega! To vrelo života, uzrok svega što se rađa na zemlji i diše, i gleda, i govori, i sluša, i čuje, i misli, i pati, i raduje se, i voli, i nada se, i smeje, i tuguje, i veruje, i zanosi se! To vladalac sveta! To vrhunac za kojim mi žene čeznemo još od utrobe naše majke! To koren života kome težimo još od haosa pre rođenja! To sudbina naša! Život! Ljubav!

Nisam mogla da verujem. Gledala sam a nisam videla. Nastavljala sam da gledam i nisam mogla da sebe uverim. Pomislih da me oko izdaje, da se moje verno pelikansko oko poigrava sa mnom, i to baš kod najvažnije stvari, fundamentalne, radikalne (budite malo etimolozi, gospodo!), u mome životu. Isprva mi se učini da je u pitanju monstruozna greška. Da je neka gnusna zver zauzela u mraku mesto moga muža. Da je neki ljigavi golać, neka ćelava gusenica zamenila onoga što mi je, nevidljiv, pružao toliko sreće, toliko uživanja, toliko toplote, toliko klica života, i što me je tako ispunjavao sobom, da je njegov život sada već bio moj a on ja.

Moj muž? Nevidljivi ljubavnik? Moj dragi? Najbolji i najdragoceniji deo mene? Moje dobro, moja radost, moje uživanje, moja igra, moja snaga, moje sve?...

Avaj! Zašto se ne možemo vratiti nazad? Zašto ne možemo obrisati ono što se zbiva? Zašto ne možemo otići toliko napred da ono što se zbiva potopimo u tamnilo zaborava?

Kad sam upalila svetlo, moj muž... ali zašto i dalje govorim 'moj muž'? Ja ne smem, ja neću, ja ne mogu više da imenom muža zovem tu odvratnu i grotesknu glistu... Kad sam upalila svetlo, to je još uvek spavalo ali i dalje naduveno i dahtavo od tek minulog naprezanja. Glava mu je stvarno bila ljubičasta, jako zasvođena i konična u predelu čeljusti nalik na šlemove nemačkih vojnika, lišena očiju, kao i nosa, i samo s ustima, nemim i vertikalnim poput usta *okaste drhtulje*. Njegovo telo nalik na cev, na kome su se kočile i damarale debele tamnoplave vene, lišeno i ruku i nogu i krila, počivalo je

43

nezgrapno i neuravnoteženo na dvema naduvenim i sjajnim torbama, sličnim mešinama gajdi.

Golać se postepeno opuštao i mlitavio u snu, povijajući se na stranu kao izmožden, nalik zmiji na umoru koja odmotava svoje klupko. Damaranje je popuštalo, glava mu je bledela, nabreklost čilela. Torbe su splašnjavale i produžavale se, gubile sjaj i brazdale se naborima, kao da im je kroz neki otvor, bez šištanja, isticao vazduh koji ih je napunio i zaokruglio. Mekani cilindar smanjivao se i izobličavao.

Pravilnim i laganim pokretom, glava u obliku šlema navuče kožu s vrata do preneraženih i bezubih usta i od nje napravi kapicu, tako da je njeno prisustvo odavalo još samo nabreknuće u predelu gde se rača. I, onaj koji je malopre dizao ponosno glavu i napinjao slabine, sada je ležao ponizan i mlohav, obavijen vlastitom kožom kao mrtvo dete ubrusom. To je Amor, gospodo. To je ono što ostaje od Amora. Eto zašto Amor neće da pokaže lice.

Perdita ispusti krik:

„Ne! To nije istina! To nije istina! To nije istina!"

Psiha uperi u Perditu svoje sjajno oko, u kojem se malo prezira bilo rastopilo u mnogo sažaljenja.

„Sestro, kažeš da to nije istina? Nauči da gledaš. Ti si mlada. Još uvek letiš na krilima iluzije. Poslušaj moj savet. Zaljubi se, ako hoćeš, u svog hirurga, ali ne gledaj u alat njegovog zanata."

Ovaj savet Perdita ne ču: pade u nesvest. Sajas, koji je kao lekar bio predvideo ovakav ishod, prihvati Perditu rukama i dok je držao ovaj slatki teret, gledao je Nivazija Dolčemarea s osmehom izazova i trujumfa.

Nivazio Dolčemare oklevaše da zatraži od Psihe još neka objašnjenja, zatim, pobedivši svoju prirodnu sramežljivost, obrati joj se ovako:

„Dozvolite mi samo jedno pitanje. Postoji priča da je Psiha, kad joj je muž otišao, krenula na dugo hodočašće te da je, savladavši iskušenja na koja ju je stavila svekrva, sišla čak u pakao i, naposletku, bila prihvaćena na

Olimpu od bogova, gde je ponovo srela Amora i udala se za njega."

„Izmišljotine", odgovori Psiha. „Apulej je bio budala puna izveštačenog optimizma, verovao je da se priče, ukoliko želite da sasvim ugodite čitaocima, moraju ukrasiti srećnim krajem. Kao da se tako može sakriti istina! Svoga muža nikada više nisam srela i čuvam se dobro da mi ne padne na pamet da ga potražim. Poslednji put videla sam ga kad je izleteo kroz prozor i šćućurio se u krošnji jednog drveta, odakle mi je dobacio svoju pretnju: *Te vero tantum fuga mea punivero.* Siroti blesan! Bežeći od mene, nije ni znao kakav mi je poklon darivao. Izrekavši ove reči, udario je krilima i ljuljajući se odleteo. Rekoše mi da otuda potiče običaj da se bog Ljubavi naziva Pticom."

Perdita je u međuvremenu povratila svest, ali čuvši reč „ptica", onesvesti se ponovo.

Radoznalost Nivazija Dolčemarea ne beše zadovoljena.

„Ja ne osporavam ružnoću boga Ljubavi", reče on, „i sasvim mi je jasno da, tako ružan, ne želi da vam se pokaže, a da vi, sa svoje strane, ne želite više da ga vidite; ali, ne mislite li da bi razdvojenost duše i tela mogla nepovoljno uticati na svet?"

„Ne", odgovori Psiha čvrsto. „To isključujem. Amor je neprijatelj ljubavi. Iz ljubavi se rađa život, ali i antiživot. Sve zlo na svetu dolazi od ljubavi koja nagoni ljude da se spajaju radi razmnožavanja. Verujte meni koja sam Psiha, to jest duša oslobođena ljubavi. Tek kad iščezne ono što ljudi nazivaju ljubavlju, nastaće prava ljubav."

Kad joj se po drugi put vratila svest, Perdita poče da jeca glasom prožetim povremenim njakanjem:

„To je kraj svega! Kraj svega! Kraj svega!"

Sajas nastojaše da je umiri, i u tu svrhu masirao joj je najmesnatije delove tela.

Nivaziju ostade još jedno pitanje:

45

„Kažete da će se tek na kraju onoga što ljudi nazivaju ljubavlju, roditi prava ljubav. Molim vas, da li biste mi rekli šta je, zapravo, ta prava ljubav?"

„Prava ljubav..."

Ali Perdita stade opet da viče:

„Doktore, za ime Boga, zapušite joj usta!"

Sajas potraži na podu električni kabl, zgazi ga svojom cipelom s trostrukim đonom i zgnječi kao pikavac.

U udaljenim kutovima muzeja mi *sopracuto* izvija se u agoniji, zavija bolno, prekida se najednom. Sala pada u tamu. Troje posetilaca, uhvaćeni od pomenute izlazne sile, hodaju neumoljivo prema vratima.

Perdita ponavlja grešku koju je napravila Lotova žena: okreće se da pogleda. Psihino telo fosforescira slabo u mraku, nalik rezistenciji električnog aparata nakon isključenja iz struje.

Perditu hvata strah. Viče:

„Naša duša!... Naša duša!..."

Ali Psiha se polako gasi.

Ugasila se.

GOSPODIN MINSTER

Gospodin Minster spavao je u salonu. Svako veče nameštali su mu postelju na divanu, ali divan je bio tapaciran kožom i dušek je klizio po glatkoj površi, spuštajući se postepeno na pod. Gospodin Minster često bi se budio na podu, glave ispod dušeka. Otkad je počeo da spava u salonu, gospodin Minster stalno sanja kako pada. U tom snu, gospodin Minster beznadežno se i očajnički borio da se uhvati za prag vrata koja su vodila u prazninu, i dok bi nastojao da izvuče što više iz svojih tankih i glatkih udova, razmišljao je o okrutnoj apsurdnosti što ova vrata vode u prazninu, kad bi, međutim, sva vrata trebalo da vode ka utešnim i sigurnim mestima. Konačno, pad kojeg se toliko plašio, započeo je, da se odvija, i gospodin Minster sada se spuštao, jedreći neprekidnom spiralom praznine. Ali, kakvo iznenađenje! Odvajanje kojeg se toliko pribojavao, uopšte nije izgledalo kao najstrašnije zlo, već kao najprijatnije oslobađanje. Potom se čak i iznenađenje utopilo u tom moru divota, i gospodin Minster osećao je koliko je slatka smrt.

Zašto gospodin Minster spava u salonu? Erda je želela da u svoj krevet uzme malu Eriku, jer je devojčica patila od noćnih mora*, i noću se naglo budila, plačući i

---

* Može biti, međutim, da noćne more nisu smetale maloj Eriki, nego upravo gospođi Minster, i nisu bile metafizičkog, nego fizičkog karaktera. Žena žudi za svojim devojaštvom kao za nekim izgubljenim rajem, i otuda se s brakom i materinstvom javljaju ta opskurna gađenja i devojački strahovi.

dozivajući majku. I tako se gospodin Minster, mirno i bez sukoba, udaljavao od svoje žene, kao da je to sudbina svakog muža.

Zašto su se uzeli?

„Jer je Erda stanovala u centru."

Do ovog objašnjenja gospodin Minster došao je jednog blagog jesenjeg popodneva, na obalama Lago Mađore, nakon deset godina braka, i kad je mala Erika, plod ovog braka, imala već osam godina i išla u treći razred osnovne škole. Gospodin Minster shvatao je sve, ali sa zakašnjenjem, njegova sadašnjost bila je kao bojno polje na kojem su ostala samo mrtva tela.

Po Erdinom osećanju, objašnjenje gospodina Minstera „ponižavalo je" njihov zajednički život, kidalo „azurni" veo koji obavija brak, kao gaza mortadele na kasapskoj tezgi. Sve do svoje tridesete, Erda je gledala na svoj život kao na živu bajku i njen blagi moral delio je svet na „lepe" i „ružne stvari". Brak je bio „lepa", a njegovo opadanje „ružna stvar". Uostalom, nije li uvek sablast zla u pozadini devojačkih mora?

„Ali, to je istina", odgovarao bi gospodin Minster, kružeći svojim krupnim crnim kuglama iza sočiva, za koje se nije znalo da li gledaju, kao kod primitivnih grčkih bogova, u svim pravcima podjednako ili ni u jednom. „Ma kakva istina!" pobijala bi kiselim glasom gospođa Erna, starija Erdina sestra koja je, nedovoljno gipka u pogledu uma i nevešta da dokuči naličje misli, svaku stvar uzimala zdravo za gotovo i svaku reč doslovno. I pošto je Erna imala teatralan temperament i bolovala od jakog patosa, izgovarala je „istinaaa", otežući glasom i izvijajući ga kao klarinet u bas registru.

Erda je sa svojom porodicom stanovala u jednoj od najuzanijih ulica u Lozani, ali koja je bila u samom centru: *Rue des Crucifaires,* iščezloj kasnije u proždrljivom ždrelu urbanističkog plana. Porodicu su činile tri sestre, Erda, Erna i Runa, te majka Đenovefa Pfajfer, to jest udovica Morel. Ona je, sedeći u zagušljivom sobičku iznad bednog dvorišta, u kome je provodila dane krpeći brushaltere i prepravljajući iznošene prnje, podozrivo bdela nad ćerkama kao kvočka nad pilićima. Nadziranje udovice Morel nije bilo upadljivo, nego više sa strane, jer je mudro smatrala da će, dajući im nekakav privid slobode, svoje ćerke lakše udomiti. Po tome je sledila futurističkog pesnika i uzgajivača živine Poričija koji je, plašeći se da će mu lopovi preko noći ukrasti piliće, bdeo od zalaska do izlaska sunca kraj prozora svoje seoske kuće, odakle je, s dvocevkom između nogu, mogao da pazi na kokošinjac i, u isto vreme, slobodno piše stihove. Iako prećutno, ovo bdenje stajalo je udovicu Morel vanrednih napora, i kad bi „smestila" neku od svojih ćerki, doživljavala je vrstu kolapsa od kojeg se oporavljala tek posle nekoliko dana, kao nakon neuspešnog porođaja*. Ali, kad bi udala ćerku, udovica Morel prepuštala ju je njenoj sudbini i više na nju ne bi mislila. Zašto se majke žale što ih zima života zatiče usamljene? Ne opada uvek lišće s grana, često grana odbaci svoje listove.

Kad je gospodin Minster upoznao Morelove, Rude, najstarija sestra, koju su još kao devojku prozvali „najlepšim grudima Lozane", bila je udata već nekoliko godina i stanovala je u Veveju, gde joj je muž radio kao opštinski lekar. Erna i Erda bile su ponosne što su pratile slavnu glumicu Manfredu Sude na pozorišnoj turneji po Severnoj Americi, ali, vrativši se u zemlju, napustile su pozornicu, ne mogavši da pronađu pozorišnu trupu – tako su barem tvrdile dve sestre – kod kojih je interes za umetnost bio jači od trgovačkog. Runa, najmlađa u porodici Morel, studirala je klavir i diplomirala na konzervatorijumu u Lozani, ali duga ostajanja za porodičnim *Ibachom* – pod nadzorom neumoljive majke, koja je na

---

* Uostalom, možda su kolapsi gospođe Pfajfer bili kolapsi zadovoljstva *(des pâmoisons)*. Majka ume da tako intimno doživljava život svojih ćerki da, s njihovom udajom, iznova simbolički prelazi iz stadijuma devojaštva u stadijum udate žene. Ponavljanje, iako simboličko, ovog prelaska još je lakše ukoliko je majka, kao na primeru gospođe Morel, udovica već dugi niz godina i živi, zahvaljujući tom čednom životu, neku vrstu drugog devičanstva.

svako usporavanje vikala iz svoje sobe pune prnja: „Runa, tvoje fuge!" – toliko su omekšala devojčina stopala da je sirota devojka bila prinuđena da nosi metalne uloške u obliku mosta, kako bi joj tabani povratili odgovarajuću zakrivljenost.

Gospodin Minster posećivao je porodicu Morel isprva s vremena na vreme, potom svakoga dana, da bi na kraju tamo čak i večeravao. Za to se lično pobrinula gospođa Morel, majka, koja je ekspertski prosudila da se gospodin Minster hrani loše, i da će, lišen zdrave porodične hrane, ubrzo završiti kod lekara. Tako je gospodin Minster počeo da regeneriše svoje fizičko stanje zahvaljujući zdravoj hrani udovice Morel, koja se sastojala od punjenih hobotnica i mušula što su plivale u paklenim čorbuljacima, od kojih su se gospodinu Minsteru uvijala creva. I, jednoga dana, ne odmerivši niti razmotrivši etape svog fatalnog puta, gospodin Minster postade suprug Erde Morel. Iz kojih razloga čovek uzima ženu? Iz jednog jedinog: onog koji je gospodina Minstera uveo u brak. Životni putevi kojima je gospodin Minster išao, bili, su po njemu, jedini mogući. Kad bi ga postavili ispred zaključanih vrata, gospodin Minster vekovima bi čekao da se vrata otvore, ali mu nikad ne bi palo na pamet da prođe kroz neka vratašca pored, koja nisu zatvorena već samo pritvorena. Lepo su mu pristajale one žalosne Remboove reči: *„Oisive jeunesse à tout asservie, et par délicatesse j'ai perdu ma vie."* Nakon Erde, i Erna i Runa „dobro" su se udale; i kad, posle deset godina, gospodin Minster otkri da su sestre Morel uspele da se tako lako udaju samo zato što su živele u centru, on upotpuni svoju misao ovako: „Da je u kući Morelovih bilo lifta, sestre Morel udale bi se i brže i bolje."

Ovoga puta padanje gospodina Minstera prekinuo je metalni udarac, koji mu se sručio na glavu. Prelazak iz sveta snova u svet takozvane realnosti, događa se neočekivano. Okrajci snova ostaju mu zakačeni za razum, kao za tronketo komadi jedra koje je pokidala oluja. Gospodin Minster gleda ispod oka, vidi slabašnu svetlost kako se širi po sobi i prodire kroz teške senke nameštaja kao more kroz skupinu grebena. Tada gospodin Minster ponavlja svoju uobičajenu jutarnju igru, povezuje oblike dve fotelje i divana sa prizorima svoje očinske kuće. Sviđa mu se ova unajmljena kuća, u kojoj stanuje skoro dve nedelje, jer ga, za razliku od ostalih kuća u kojima je duže živeo, podseća na onu iz njegovog detinjstva. Gospodin Minster misli da se samo u stanovima opremljenim nameštajem još može naći sačuvana tradicija, jer oni ne povlađuju oscilacijama mode, nego ostaju verni jednom tipu pokućstva koji je posvećen upotrebom i koji je dostigao savršenstvo. U stvari, nameštaj u očinskoj kući gospodina Minstera i kući Melakrino, ni po čemu ne pokazuje da je od detinjstva gospodina Minstera prošlo trideset devet godina, te njegova metafizička potreba za besmrtnošću izvlači iz toga utehu. Komadi nameštaja, kao i portreti, kao i mumije kod Egipćana, jesu nastavak zemaljskog života naših roditelja, rođaka, prijatelja, a fotelja u kojoj bi obično sedeo naš otac, trebalo bi da ga i dalje predstavlja među nama, na nepomičan i nečujan način, ali ne manje dostojan poštovanja; i niko ne bi smeo da sedne u nju sem prvorođenog sina, a i ovaj samo u svečanim prilikama ili o svetim praznicima.

Dve kožne fotelje su otac i majka potkraj života, divan prevučen platnom je tetka Zenaide, opružena zbog bolesti i drapirana kućnom haljinom s izvezenim cvetićima. Tetkina ruka je bočno uzglavlje divana u obliku zdepaste kobasice, resica koja visi sa kobasice je šaka tetka Zenaidine ruke, koju je Minster kao dečak morao da ljubi svako veče pre odlaska u krevet, a nakon što bi poljubio gospodina Minstera u njegovu golu i hladnu lobanju i gospođu Minster u obraz koji je mirisao na buniku, jer se njome stalno mazala kako bi ublažila stalne i mučne zubne neuralgije. Tetka Zenaidina šaka je pak mirisala na karbolnu kiselinu, što je bilo znak njene mikrofobije i stalnog straha od zaraze. Da se nije bojala da će je brat ismejati, tetka Zenaide bi zabranila svom unuku da na njenu šaku spušta „ta usta koja su dolazila u dodir s ko zna kakvim prljavštinama". Ovaj tapacirani divan produžava zemaljski život tetka Zenaide i daje oblik njenoj besmrtnosti, ali dodajmo još da je tetka Zenaide za života, i otkako je gospodin Minster pamti, uvek imala ličnost za kanabe.

Ovu „igru nameštaja" gospodin Minster ponavlja svako jutro, i nikad se ne zasiti. Odrastao čovek stalno mora da menja svoje igre ne bi li se nekako zabavio, dok dete, obdareno izdašnijom maštom, uživa da ponavlja jednu te istu igru. Šta će vam bolji primer od gospodina Minstera koji je, iako je napunio četrdeset devetu, sačuvao detinjast duh?

Gospodin Minster voli ove komade nameštaja jer izgledaju prisno i ljudski, i živo se raduje što se nije okružio ovovekovnim nameštajem, koji se sastoji samo od hromiranih kostura, nesposobnih da prave društvo čoveku.

Šta je prekinulo, u tako neuobičajeno vreme, san gospodina Minstera? Odakle dolazi ta pomisao koja mu odzvanja u glavi da je već odsanjao ceo svoj „životni" san, i da više nema sna koji bi mogao da sanja? Istraživački duh gospodina Minstera nastavlja da kruži kroz magle svesti, poput kratkovide ptice kroz senke noći. Prozorski kapci ne prianjaju skroz da bi u sobi bio potpuni mrak, i kroz uzani procep mlada svetlost, gipka i savitljiva, širi se između komada nameštaja „kao more kroz porodicu grebenâ". Ovo objašnjenje ukorenjuje se u umu gospodina Minstera, raste i uzdiže se do gigantskih razmera; ali gospodin Minster ga odjednom odbacuje kao suviše lako i materijalno i ono se vraća nazad, još brže nego što je došlo. Potom, nakon niza razmišljanja, veoma napornih ali čudesno sklopljenih, gospodin Minster približava se, kao da se spustio niz tobogan, najuverljivijem i najsrećnijem rešenju. Zašto su ga ranije potrage za istim tim rešenjem stajale tako puno napora, i to još uzaludnog? Istinska logika, koja omogućava „najdublja" rešenja, prebiva u nekim naročito uspelim snovima, i iz njih prelazi kod nas. Zbog toga nam izjutra, između sna i jave, valja biti u zasedi poput lovca, i čekati da ova majka svih dnevnih logika izađe iz svog skrovišta i priđe nam na puškomet.

Svojim uzvišenim i misterioznim rešenjem gospodin Minster se ne usuđuje da uznemiri nedokučivu prirodu, i zato ga ne imenuje niti formiliše rečima. I da bi što ljubomornije sačuvao ideju ovog rešenja, gospodin Minster traži u svom ležaju najugodniji položaj kako bi on i njegova ideja prešli u beskonačnu, u preblagu, u neprikosnovenu dubinu sna. Ali novi udarac, takođe metalan i oštar, odzvanja u glavi gospodina Minstera.

Šta je to?

Gospodin Minster počinje da se seća. U dvorištu kuće, koje je manje dvorište a više neka vrsta bunara nad kojim se sa svakog odmorišta nadnose prozorčići nužnikâ i štrče čudne male terase zatvorene u sanduke od mutnog stakla, tri zidara počela su, pre nekoliko dana, da prave kućicu od cigala, čija je namena ostala potpuno nepoznata gospodinu Minsteru, ma koliko se raspitivao o tome kod svoje supruge i Viđe, žene koja čisti kuću, te Alesandra, portira. Gospodin Minster, koji ništa ne voli toliko kao posmatranje manuelnih radova, proveo je prethodne dane na prozoru zastakljene terasice, gledajući u dno dvorišta čoveka u majici koji je lopatom mešao malter, zatim čoveka odevenog u stari mundir koji je proveravao vertikalnost zida, i čoveka s kapom, napravljenom od jednog broja „Mesađera", nalik na brodić, koji je mistrijom nanosio malter na cigle i potom ih stavljao jednu na drugu, levom rukom pritiskajući gornju ciglu a desnom odstranjujući malter koji je bio istisnut; voleo je gospodin Minster i ljubavne pesme kojima su tri zidara ukrašavala svoj precizni rad. Kao nekada, kad je bio dete, ovaj „odrasli" dečak od skoro pedeset godina još uvek sanja o običnom poslu, naime poslu čistom od mentalnih pretpostavki. Šta je bio njegov život? Od kakve su koristi bila njegova tako raznorodna i brojna iskustva u nepouzdanom svetu intelekta? Šta mu je doneo prelazak s muzike na poeziju, s poezije na slikarstvo, sa slikarstva na „čistu" misao? Ovaj zid koji podižu ona tri zidara možda je namenjen odlaganju đubreta, ali nije diletantsko delo.

(Dvorištem odzvanja još jedan udarac malja.)

Znači, grešio sam. Drugačija je ovo konstrukcija. Od kreča i cigala, prijatelja čoveka i tišine. Ali ovaj udarac gvožđa o gvožđe je zao, neljudski... I to u ovo vreme! Kad svi još spavaju!... Žaliću se vlasniku! Idem generalu! *(Vlasnik kuće je general.)* Štaviše, da bi dao veću težinu svojoj odluci, gospodin Minster rešava da ne ode lično generalu, već da pošalje ženu.

Da bi samoga sebe ubedio, gospodin Minster dodaje: „To su poslovi za žene". Niko ga nikad neće razuveriti da je funkcija žene pre svega katartička, to jest da oslobodi muža svega onog za šta muž nema volje i, nadasve, *nema hrabrosti.*

(Odzvanja još jedan udarac malja.)

„Apsurdna i imoralna konstrukcija! Zidati u tako tesnom dvorištu, lišenom vazduha i svetla, kad se zna da su vazduh i svetlo preduslov za moderno građevinarstvo. To je kršenje osnovnih urbanističkih pravila. Eto kako se otvaraju vrata tuberkulozi! Šta rade nadležne vlasti? Poslaću pismo u novine." I gospodin Minster počinje da u glavi sastavlja pismo: „Poštovani gospodine uredniče..."

Sada je dvorište tiho. Šta je, dakle, ovoga puta probudilo gospodina Minstera?

Smrad mu se i dalje penje kroz nozdrve. „To je zub s lekom", misli gospodin Minster. „Dvostruki karijes između očnjaka i sekutića." Gospodin Minster pati od karijesa. Iz onog što smo rekli, vidi se da je ovu bolest nasledio od majke. Njegov zubar iz Lozane, Raul de Sertan, objasnio mu je da su njegovi karijesi „mekanog" tipa, i prelaze takoreći sa zuba na zub.

„A lečenje?"

„Nema lečenja", zaključio je Raul de Sertan. „Terapija ne uspeva da stigne šetajući karijes."

Raul de Sertan bio je niskog rasta ali savršeno srazmeran. Ličio je na Rišeljeovog musketara, kog je ova razlika od dvesta osamdeset osam godina anemizirala i njegov nekadašnji stas svela na sadašnjih metar i po. Klijent *monsieura* De Sertana, gospodin Minster vremenom je postao njegov prijatelj. Pre no što bi započeo kakvu intervenciju, čak i običan rad bušilicom, De Sertan je predočavao pacijentu razne tipove lečenja u odontologiji, i naposletku otkrivao svoj način koji se skroz razlikovao od ostalih. Izlaganje je obogaćivao marginalnim mislima, prenoseći raspravu sa polja nauke na polje umetnosti, književnosti, filozofije. Raul de Sertan i gospodin Minster slagali su se po mnogim pitanjima.

Kad bi gospodin Minster zazvonio na vratima stana u *Rue de Moines,* sobarica ga više ne bi uvodila u čekaonicu u koju ga je uvela prvi put (kad se gospodin Minster obreo u društvu jedne veoma naduvene i nervozne gospođe i jednog mladića u uniformi pitomca koji je pritiskao obraze rukom punom promrzlina i cvileo kao kuče), već u privatni salon gospođe Sertan. Gospodin Minster kretao se po tom „čuvanom" salonu, to jest zatvorenom za sunce, kao u nekom muzeju istorije prirode. Tražio je znakove prisne prošlosti, budući da se u sadašnjosti osećao sve neprilagođenije. Sviđale su mu se dve punjene barske ptice koje su ga ušiljenim očima fiksirale sa dve naspramne konzole, sviđala mu se bronzana figura koja je predstavljala mrtvog husara kog je, zakačenog za uzengije, vukao konj. Ovaj drevni nameštaj posedovao je mekanost puti, a sesti u neku od fotelja, svu u cvetnim vencima i resicama, bilo je za gospodina Minstera kao predati se zagrljaju *madame* de Sertan, zbog čega se stideo i čak osećao izvesnu odbojnost.

Pre nego što bi se pokazala, *madam* de Sertan najavljivala se glasnim cvrkutanjem pozdrava i dočeka. Ulazila je u sobu kao ogromna ptica koja dolazi s dalekih ostrva. Bila je prljava kao novorođenče, na koje je ličila i po svom bezobličnom licu. Namazana i obavijena prljavom i šljaštećom kućnom haljinom, madam de Sertan podsećala je gospodina Minstera na divane kuća koje je revno posećivao pre braka. Zubareva žena proizvodila je parfeme. Ali sapune, losione, kreme, ona nije izrađivala, ona ih je „stvarala". Gospodinu Minsteru poklonila je bočicu nekog svog mleka za negu kože. Ali šta je gospodin Minster mogao da radi s mlekom za negu kože, on koji je imao tako mladu i dobru kožu? Njegovim zubima bilo je potrebno čudesno mleko; ti zubi koji se nisu mogli izlečiti; ti zubi koji su mu ispadali jedan za drugim; ti zubi koji su ga, ispadajući, podsećali na smrt. Ali zašto mu zubi ispadaju, zašto?... Gospodin Minster počinje da plače ispod čaršava.

(Dvorištem se razleže još jedan udarac malja.)

Minster (tiho, jer razgovara sam sa sobom, ali ulažući napor kao da viče u najvećem očajanju): Saznao sam! Saznao sam!

Skače iz postelje kao da se zapalila, kao da je u samom krevetu strašna opasnost koja mu preti.

Sada zna. Zna, i postaju mu jasne pomenute igre, te igre kroz koje je strašna istina krčila sebi put. Sada zna. Taj zadah ne dolazi od karijesa... Da li je sasvim siguran? Da: ima već deset dana kako nije bio kod doktora Peferantija, nije dakle menjao lek... Ma kakvi! Nije to karijes... Prepoznao je taj užasni smrad: prepoznao ga je posle trideset šest godina... Imao je trinaest godina. Bilo je leto i žega. Kapci prozora bili su zatvoreni i žaluzine spuštene zbog sunca lava*, tako da se dan bio pretvorio u svetlost sveće. Potom je došla noć ne donoseći promene. On je sedeo pored kreveta na kojem je ležao njegov otac, i najednom, kroz težak, opsceni miris ruža, oseti *miris smrti.*

---

* Jedna seljanka iz Solcaga (Komo) rekla mi je da je imala dvanaestoro dece od kojih je samo petoro ostalo u životu. Upitao sam je: „A ostalih sedmoro?". „Ostalih sedmoro", odgovorila je žena, „uzelo je *sunce lav*". Po ovoj ženi, sunce nije samo prolazilo, u julu, kroz ovaj zodijački znak koji se predstavlja lavom, nego je i postajalo lav i proždiralo malu decu.

Sada, posle trideset godina, taj isti miris vraća se iz prošlosti. Ali ovoga puta ne dolazi spolja: u njemu je, diže se iz stomaka, ispunjava mu usta, nozdrve... Da li se to otac, dakle, ponovo budi u njemu? Da li su sinovi, dakle, grobnice svojih očeva? Da li se u smrti, dakle, otac nastavlja u sinu? Da li se tako, dakle, prsten vezuje za prsten u lancu generacija?

Uprkos užasu koji ga steže, opskurna i veličanstvena ideja ispunjava gospodina Minstera. Svoje telo, koje će uskoro – on to zna – truliti, koje će se raspadati, on doživljava kao neki misteriozni hram. Najdublje formacije života nastaju u smradu. Koja je misao prošla kroz glavu gospodina Minstera? On se oseća kao majka. On se oseća kao majka samoga sebe. Najboljeg, nekvarljivog, besmrtnog dela samoga sebe.

(Otvaraju se vrata salona i gospođa Minster pojavljuje se na pragu, u kućnoj haljini i s viklerima na glavi. Videvši muža kako stoji pored kreveta, pita ga): „Kako to da si već ustao?"

Gospodin Minster ne odgovara. Njegovo prezrivo ćutanje je prekor upućen Erdi i svim ženama – Erda je za gospodina Minstera sve žene. Erdi, koja se neumesno, kao što ume, usudila da dođe i da mu postavi tako plitkoumno pitanje u najtajanstvenijem i najsvečanijem trenutku, dok mu je nemeza otkrivala da on već korača s one strane života.

(Gospođa Minster vraća se u svoju sobu i zatvara vrata.)

„Da li je Erda shvatila? Da li je shvatila da sam...?"

Gospodin Minster došao je u Rim pre dva meseca, zajedno s Erdom i Erikom, njihovom devetogodišnjom devojčicom. Erika ima kosu boje zlata, nebeskoplave oči i pripada sorti anđelâ. „Da li će shvatiti kad me bude videla?" Triput gospodin Minster postavlja sebi ovo pitanje: triput se čudi što ono ne budi u njemu ganuće koje bi trebalo očekivati. Ponekad, u šali, gospodin Minster zamišljao bi kako zlostavlja svoju ženu, pri čemu bi Erika svaki put stala u odbranu svoje majke, nasrtala na oca i žestoko ga tukla pesnicama. Male Erikine pesnice bile su slabašne, ali se gospodinu Minsteru činilo da iz ove slabosti izbija njena volja da mu nanese zlo i da ga, ako može, ubije.

Gospodin Minster preselio se u Rim jer više nije mogao da podnese švajcarsku klimu. U Lozani, dve godine zaredom, gotovo nijednom nije izašao iz kuće. Napokon, kad se vreme prolepšalo, jednoga dana ode u bioskop. Neka gospođa, koja je stajala u dnu sale, nagnu se prema svojoj prijateljici i reče: „Pazi onog tamo: izgleda kao mrtvac.“

Sedeći na krevetu, gospodin Minster razmišlja o toj rečenici. Više ne sumnja. Zna „da je počeo da umire“, ali užas se povukao pred nekom dubokom radoznalošću, delimično naučne prirode – utoliko čudnijom što on nikad nije bio ni poklonik ni prijatelj nauke. Još uvek je uzbuđen ali zadovoljan, kao da je položio težak ispit. Otkriva u sebi novu sposobnost, sebe može „praktično“ smatrati za nekog drugog. Ponovo razmišlja o rečenici koju je onda čuo u bioskopu i čudi se što ju je uspeo čuti s tolike razdaljine: znak da su već tada njegova čula počela da se izoštravaju, da postaju nezavisna i autonomna, sposobna da reaguju daleko od teškog mehanizma tela, kostiju, nerava, mišića, i da formiraju jedan vitalni kompleks izvan tela: znak da je još otada gospodin Minster *počeo da biva mrtav.*

Ostaje mu da reši misteriju svog života koji se nastavlja i nakon smrti tela, ove svetlosti što sija i nakon što je sijalica razbijena. Ali zar ne zna gospodin Minster, i to on koji je toliko razmišljao o ovim problemima i toliko toga napisao o tome, da je netaktično, i ne samo netaktično nego i nepromišljeno, i ne samo nepromišljeno nego i nemoralno, i ne samo nemoralno nego i zaludno nastojati da se podigne veo sa tajni duše, i da metafiziku života treba prihvatiti bez ispitivanja, bez nepoverenja, naime čiste i zahvalne duše, kao i poeziju?

Nakon dugog boravka u jednom hotelu (kako je samo skup!) Minsterovi su unajmili stan opremljen nameštajem u Via Kondoti, koji se gospodinu Minsteru sviđao zato što ga je podsećao na njegovu kuću iz detinjstva, i što je svaka soba, na svoj način, budila u njemu neko usnulo sećanje.

Nesrećne ljubavi obično navode ljude na seksualne inverzije, gašenje ljubavi, međutim, skretalo je gospodina Minstera ka sentimentalnim inverzijama, ka ovoj ljubavi prema stvarima, nameštaju, predmetima. Ali koja je to ljubav istinskija od ljubavi koju čovek polaže u beživotne stvari? Voleti znači dati drugome svoju dušu, znači animirati drugoga svojom dušom, znači biti u zabludi da se drugome može pružiti srećan i dubok život koji bi mu inače nedostajao. U ljubavi nema mesta za dve duše. I kad se kaže da dvoje, u ljubavi, predstavljaju jednu dušu, to znači da jedna od te dve duše deluje ljubavno, dok je druga u slatkom i zahvalnom nedelanju. Ali kad se i usnula duša probudi, dve duše se razdvajaju i ljubav prestaje. Koliko je, prema tome, sigurnija ljubav prema fotelji, štapu, vlastitoj luli, koja nam ne preti okrutnim iznenađenjima, niti proteruje našu dušu da bi nam nametnula svoju.

Spavaća soba, veliki krevet s baldahinom, zidno ogledalo preko puta s kojeg je visio beli veo za prvu pričest, podsećaju gospodina Minstera na poslednji čin *Dame s kamelijama*, koju je gledao pre mnogo godina u Beču, u izvedbi Eleonore Duze. Pred tim ogledalom onda je sedela Margerit Gotje i maramicom zaustavljala krv iz usta, a sada sedi i „doteruje lice" gospođa Minster, u kimonu i stopala uvučenih u arapske papuče, koje joj je gospodin Minster kupio u tripolitanskoj prodavnici u Via Veneto.

To su papuče od crvenog safijana, ukrašene srebrnastim arabeskama, koje pokrivaju prste, ali ne potpuno, tako da se mogu nazreti počeci prstiju i kanalići između njih. Na sjajnoj i beloj lesici granaju se vene i, kao male plave reke, nestaju na jastučiću tabana. Kakve pejzaže dočarava ovo ime: Plavi Nil! Na peti rudi mala aurora.

Ostali, „značajniji", delovi tela gospođe Minster manje su privlačili gospodina Minstera, štaviše često su ga ostavljali ravnodušnim, ponekad čak izazivali odbojnost: lice pre svega, koje je izjutra imalo kožu sna i sjaj lojnih izlučevina. Ali nijednom se nije desilo da pogled na gola stopala, u tim arapskim papučama, gospođe Minster ne uzbudi gospodina Minstera. Tada bi mislio kako je mudar i iskusan bio apostol Pavle, kad je opominjao rimske žene da pokrivaju svoja stopala, „to oružje kojim se neprijatelj služi kako bi nas iskušao". Ali kakav će utisak Erdina gola stopala ostaviti na gospodina Minstera sada kad gospodin Minster zna da je mrtav?

Gospodinu Minsteru sviđao se stan u Via Kondoti zato što je bio u centru Rima, te ga je oslobađao pešačenja ili kratkih ali zamornih vožnji tramvajem, autobusom, taksijem. „U srcu sam Rima", govorio bi gospodin Minster kao što bi rekao, da je tako mislio: „U srcu sam svoje žene". Ali kako bi mogao tako da misli? Gospodin Minster bio je iznenađen, duboko ožalošćen kad je otkrio da su obećanja, jemstva koja mu je Erda dala na početku braka, kao i pre venčanja, sahnula postepeno, udaljavala se, izdisala na ulici njihovog života, po kojoj je još samo navika nastavljala da hoda, šepava i kljasta, te neka vrsta misterioznog zakona suživota. Međutim, čak i ova neispunjena obećanja, i ovu smrt stvari smatranih za besmrtne, gospodin Minster je na kraju prihvatio kao stvari koje su takve „jer takve moraju biti".

Gospodin Minster ličio je na plemića kad je izjutra, napuštajući kuću, izlazio u svet ulice i prvo sretao izloge fotografske radnje *Fratelii Alinari*. Već odavno on ne posmatra zoru, dugo već izlazak sunca ne spada u spektakle njegovog života; ali zar zore nisu bile i *Blagovesti* Beata Anđelika, Đorđoneov *Koncert u prirodi*, Rafaelov *Sveti Đorđe*, koji su blistali u izlogu braće fotografa? Gospodin Minster ipak je više voleo grčke slike iz Napuljskog muzeja. U tim plemenitim izlozima stajali su *Podučavanje Ahila, Žrtvovanje Ifigenije, Odisej i Kalipso*, u tri boje, i gospodin Minster bi dugo ostajao pred njima. Umetnost je prizor naših želja, predstavljanje onoga što bismo hteli da imamo a što nam život ne pruža. Umetnost je dragocenija što su želje koje predstavlja udaljenije i manje ostvarljive. Gospodin Minster želeo je da živi u *Koncertu u prirodi*, kao i u *Svetom Đorđu;* ali manje u *Blagovestima*, zapravo, istini za volju, gospodin Minster nije nimalo želeo da živi u *Blagovestima*, iako su *Blagovesti* bile zora – ali koliko bi bio zadovoljniji u svetu grčkog slikarstva koje, sa svojim čistim i prozirnim bojama, sa svojim mirnim dostojanstvom i poetskim taktom, stoji s one strane drame, s one strane patnje, nečisti života.

Gospodin Minster zastajao je i pred radnjama s muškom odećom, koje su u Via Kondoti bile brojne i prostrane. Ljubavnim pogledom dugo bi posmatrao tamnoplavu kućnu odeću posutu belim bombonama, široke kravate ukrašene arabeskama, kućne jakne s velikim reverima, štapove od malajskog bambusa što o okno izloga naslanjaju svoje glave od slonovače.

Posebno je obožavao radnju *Petronio*, i jednoga jutra, dok je Via Kondoti bila još sveža od zalivanja, s ponekim prolaznikom i prvim suncem koje je zlatilo stepenište i kule Trinita dei Monti, gospodin Minster stupi u razgovor s vlasnikom uokvirenim vratima svoje radnje, s kojim je ranije razmenjivao poglede simpatije i osmeh ali nikad nije razgovarao. Da bi bio u skladu sa sadržajem svoje radnje, posednik ove dragocene odeće nosio je pantalone *alla messicana* i ogrtač od belog pikea, pripijen uz telo kao mundir za mačevanje, skraćen i stegnut u struku, te s velikim reverima ukrašenim na grudima i pričvršćenim dvostrukim redom dugmadi u obliku izvrnute piramide. Gospodin Minster reče vlasniku *Petronija* da ga je tako obučen podsećao na srećne građane iz filma *Metropolis,* koji žive na krovovima oblakoderâ u ugodnim vrtovima, između mirisnih fontana i lirorepih ptica. A Petronio, zauzvrat, pozva gospodina Minstera da pogleda njegovu radnju, otvori mu svoje najdelikatnije sanduke, izvadi pižame prelivajućih boja nalik zori, marame koje behu dugi odlomci mesečeve svetlosti, kravate koje su posedovale cvetno obilje tropskih vrtova. Potom ga uvede u tajne zadnjeg dela radnje i, naposletku, pozdravljajući ga, kaza: „Gospodine Minster, vi ste idealna mušterija. Mušteriji koja kupuje ja pretpostavljam mušteriju koja razume, ceni, „oseća" lepotu, draž, poeziju jedne pižame, jedne marame, jedne kravate... Gospodine Minster, moje poštovanje!" I lažni mačevalac pozdravi gospodina Minstera kao vitez od mača.

S vremena na vreme, poneka sumnja izroni iz ovog spleta sećanjâ, zatim nestaje, vraća se u svest gospodina Minstera, kao da, iz potrebe za društvom i zaštitom, on želi da se okruži svim svojim sećanjima: „Erda me je volela... Ali, da li je shvatila da sam ja...?"

Gospodin Minster najviše se plaši objašnjenjâ. Kako da „objasni" Erdi ovo „nepojmljivo" stanje. Da sagradi most od reči između pređašnjeg i sadašnjeg stanja. Između poznatog i nepoznatog stanja. Nepoznatog za druge, ali ne i za njega kome se, čudno je reći, ovo stanje živog mrtvaca čini legitimnijim i prirodnijim. Otkud tolika žeđ za objašnjenjima kod drugih? Zašto se i drugi ne ponašaju poput njega koji zaobilazi objašnjenja te čak i ponude, iz opreza, iz straha, odbacuje?

Gospodin Minster je stidljiv. Stidljivost gospodina Minstera je „aktivna" stidljivost. Ta uvek budna stidljivost, uvek u zasedi, uvek spremna da stupi u akciju, ispunila je njegov život preprekama, smetnjama, nemogućnostima. Velika muka stidljivih jeste u tome što, spolja gledano, izgledaju kao da su neaktivni, ravnodušni, rezignirani, lišeni potreba; dok, međutim, njihova „unutrašnjost" vibrira nekom tajnom i bolnom aktivnošću. Ali, da bismo opazili ovu tajnu aktivnost, moramo se nagnuti nad stidljivog čoveka i poslušati ga kao što se sluša tik-tak nekog časovnika, ali, pre svega, pridobiti ga da pristane na to.

Do gospodina Minstera dopire, kroz vrata, zveckanje šoljica i kašičica, potom Erdin glas koji kaže: „Ako hoćeš da jedeš, spremno je."

Da jedem! Gospodin Minster suočen je s problemom mehaničke aktivnosti života. Kako će se ponašati organizam jednog mrtvaca? Gospodin Minster zakopčava gornji deo pižame sve do podbratka, spušta rukave i sakriva ruke, nastoji da se što više pokrije, potom, hodajući nahero i s krajnjim oprezom, ruku pripijenih uz telo, te u strahu da će svakoga trena neki komad njega pasti na pod, otvara vrata, prolazi Erdinom sobom, ulazi u sledeću sobu, koja prethodi kuhinji i koja je adaptirana za trpezariju.

Na voštanom platnu nebeskoplave boje razmeštene su šoljice, posuda za šećer, zdela s puterom, čanak s medom. Erika sedi ispred bokalčića s belom kafom, umače ogromne kriške hleba namazane puterom i medom, zagriza ih dok se one cede, žvaće naduvenih obraza prevrćući anđeoskim očima.

Zar nije primetila svog oca? Erika se zadubila u belu kafu, sva zauzeta mazanjem hleba. Gospodin Minster misli da i ravnodušnost devojčice prema njemu treba svrstati u stvari „koje su takve jer takve moraju biti". Jednom, kad je gospodin Minster dao Erdi na znanje da mu Erika čak ni dobar dan ne govori, Erda mu je odgovorila: „Šta hoćeš? Ima neobičan karakter. Osim toga, odrasta: počinje da vodi svoj život." Gospodin Minster primetio je ne samo da Erika odrasta, nego i da joj koža tamni, da joj se muti pogled, da gubi onaj sjaj, onu čistotu, onaj anđeoski sjaj koji je zário njene prve godine. Možda bi trebalo uvesti malu ceremoniju, tužnu ceremoniju kojom bismo obeležavali kraj anđeoskog stanja naše dece.

Gospodina Minstera pratila je sreća. Erda je bila u kuhinji i videla se s leđa, zaposlena između rešoa i kredenca. Čak ni ona nije primećivala da je gospodin Minster došao, ili se pravila da ne primećuje? Tolika delikatnost s njene strane, bila je za njega iznenađenje. Gospodin Minster osećao je na leđima teret svog stida. Reč „jesti", koju je malopre upotrebila Erda, ponovo mu je bila na pameti, probudila je njegovu radoznalost. Uze sa stola krišku hleba, otkinu komad i stavi u usta. Ali komad hleba ostade nepomičan u ustima. Volja gospodina Minstera ne beše u stanju da pokrene mehanizam žvakanja i gutanja. Gospodin Minster seti se svog prvog pričešća, kad je stajao s hostijom u ustima i posve paralizovan, jer mu je bilo rečeno „da ne žvaće telo Našeg Gospoda Isusa Hrista". Gospodin Minster vrati se u salon, zatvori vrata, izađe na pokrivenu terasu, otvori prozor, uveri se da ga zidari ne gledaju, izvadi komad hleba iz usta i ispusti ga u dvorište, te se odmah vrati nazad kao dečak koji je napravio štetu.

Da li je Erda znala? Da li se, zato što je znala, pravila da ga ne vidi? Gospodina Minstera i dalje je pritiskao teret objašnjenja koje je trebalo da pruži ženi. Kad su se doselili u Rim, Erda je Eriku, da ne bi izgubila školsku godinu, upisala u školu „San Sebastianelo", koja se nalazila u istoimenoj ulici, iza Španskog trga. U devet Erda je vodila devojčicu u školu, i odlazila po nju u pola jedan. Vreme za školu se približavalo. Gospodin Minster začu kroz vrata Erdin glas koji je devojčici nalagao da „spremi torbu", i obuze ga panika. Salon je bio prolazna soba i Erda i Erika morale su da prođu kroz salon da bi stigle do hodnika i izlaznih vrata. Uznemiren, tražeći rešenje, gospodin Minster razmišljao je o raznim načinima spasa. Preleteo je preko svojih knjiških saznanja, i čak i u ovom teškom trenutku pokaza se kao savršeni diletant. Seti se da ako vas juri medved, najbolje je da se popnete na drvo. Seti se da se crnac u nevolji krije na dnu reke i diše pomoću trske koja viri iznad površine vode. Ali ovaj salon, iako raskošno opremljen nameštajem, nije imao ni drveće ni reku. Gospodinu Minsteru padoše na pamet saloni koji bi bili opremljeni drvećem i rekama: idealni saloni za jednog metafizičara. Naposletku se seti da ako vas napadne zver, valja se baciti na zemlju i „praviti se mrtav"; pomisao da se pravi mrtav, on koji je bio već mrtav, bila mu je zabavna. Zver!... U tom trenutku, Erda je za gospodina Minstera bila više od zveri.

Gospodin Minster začu korake koji su se približavali, nekako mu uspe da se na vreme baci na krevet i navúče pokrivač preko glave.

Vrata sobe se otvaraju. Erika ulazi prva, za njom majka koja zatvara vrata za sobom. Devojčica drži torbu desnom rukom, hoda pravo, nosi okrugli slamni šeširić alla marinara *sa obodom u obliku zdele, naočare s drškama i okvirima od plavog celuloida koje joj je očni lekar prepisao radi korekcije strabizma, na njena mršava ramenca spuštaju se dve pletenice nalik na mišje repove. Erikin izraz smešno je ozbiljan. Mogla bi biti mala filmska glumica, vrsta Širli Templ s ličnošću tetke iz Dikensonovih romana. Devojčica prelazi salon po dijagonali, ne gleda ni levo ni desno, i nestaje u hodniku. Erda, zastavši usred salona, kaže gospodinu Minsteru:* „Nas dve odosmo". *I pošto gospodin Minster ne odgovara, Erda gleda u krevet i pita:* „Zašto si se vratio u krevet? Nije ti dobro?" *Ali pošto ni ovoga puta gospodin Minster ne odgovara, Erda prilazi krevetu, pokušava da vidi lice svoga muža, i, ne uspevši u tome, zadiže pokrivač rukom i pita:* „Federiko, šta ti je." *Erda odjednom povlači ruku kao da je čaršav naelektrisan, njeno telo se grči. Erda uzmiče polako nastojeći da, uprkos ogromnom naporu koji ulaže u to, poveća rastojanje između sebe i kreveta. Krećući se unazad udara u sto u stilu lažne firentinske renesanse, i još jedan, ali jači, grč izvija joj telo. Ovaj drugi napad otklanja čini prvog: Erdine noge su slobodne, ona u trku izlazi iz salona. Malo zatim, čuje se tresak vrata.*

Gospodin Minster pratio je ovu scenu kroz procep između očnih kapaka (procep se još više suzio kad mu je Erda otkrila lice) nastavljajući da sebi ponavlja: „Ja se pravim da sam mrtav!... Ja se pravim da sam mrtav!... Ja se pravim da sam mrtav!..."

Uveren da je ostao sam, gospodin Minster ustaje iz kreveta. Drama je prošla.

Drama je prošla i bila je manje dramatična nego što se gospodin Minster pribojavao. Ali, da li je reč o drami? Gospodin Minster dramu shvata samo kao moć govora i sukobljavanja reči. Ova drama bez reči, ova drama svedena na pantomimu, lišena je dramatičnosti. Naravno, gospodin Minster sigurno bi želeo da izađe i iz ove pantomime: ali, pošto ga reči najviše plaše, i pošto mu Erda nije tražila da svoju dramu prenese „u reči", gospodin Minster ima dovoljno ličnih razloga da se oseća zadovoljno.

Vrata salona ostala su otvorena. Udno mračnog hodnika izlazna vrata uramljuju, kao sliku od svetla, pravougaonik mutnog stakla. Gospodin Minster oseća da više nikada neće videti Erdu i Eriku. Svoju ženu, svoju ćerku... je li moguće da ga ova pomisao ostavlja ravnodušnim?

Gospodin Minster pokušava da se zagreje. „Fokusira" najnežnija sećanja na život sa Erdom, najganutljivija, najpatetičnija; priziva davna uzbuđenja koja su pratila njihove prve sastanke: traži Erdino lice, telo, pokrete, korak, glas; Erdu kakva je bila „onda"; budi sećanja na njihove najprisnije, najdelikatnije trenutke; napreže se da ponovo čuje poslednje Erdine reči, koje su najednom bile tako blage, tako nežne, tako ljubavne, kao da je tim poslednjim rečima Erda želela da povrati ton, izraz, modulaciju tog „onda": „Federiko, šta ti je?" I osetivši neutoljiv polet u sebi, gospodin Minster kao da već trči ka hodniku, širom otvara izlazna vrata, zove Erdu, juri za njom, poziva je u ime njihove ljubavi, vraća je u svoj život... Ali, u koji život, kad više nije živ?

Ljubav „dejstvuje", razmišljao je gospodin Minster, jer je ljubav veća, moćnija, dublja od svih drugih ljudskih radnji. Ljubav vezuje dva dela života. Zagrljaj, razmišljao je Gospodin Minster... Ispitao je zagrljaj, analizirao efekat zagrljaja, shvatio da se dva tela spajaju da bi jedno drugom prenelo deo svoje vitalnosti. Bez ljubavi svet bi pre propao nego zbog prekida rađanjâ, jer bi polovini čovečanstva ponestalo glavne hrane, životnoga dara koji mu omogućuje druga polovina. Neka opšta anemija sručila bi se na žene, učinila ih beljim i prozirnijim nego što jesu, položila ih polako na zemlju i pretvorila u tepih mrtvog lišća.

I ljubomoru je analizirao gospodin Minster, i zaključio da je ona najopravdanije, najlegitimnije, najnesebičnije osećanje. Kod ljubomore, osećanje u nama da biću, koje živi kod nas, moramo dati nužnu hranu za život, remeti nerazumevanje koje ovo biće pokazuje odbacujući našu hranu ili, što je još gore, tražeći je od drugih. Ali, šta da se radi s bolesnikom koji beži iz bolnice, s ludakom koji beži iz ludnice? Mi vrlo dobro znamo da je žena koju volimo sposobna da prihvati hranu, ljubav, život, samo od nas. Šta je, prema tome, ova naša ljubav? Kakvo značenje ima? Šta je opravdava? Zašto žena koju volimo samovoljno juri u propast? Treba je prizvati razumu a, ne odustane li, i ubiti: ne da bismo dali oduška našem besu, našoj ozloјеđenost i, kažimo takođe, našoj ljubomori, nego zbog nje, za njeno dobro: *da bismo je spasli.*

Gospodin Minster prekinu svoja razmišljanja, prestade da priča ne bi li odmorio ono malo daha što mu je ostalo, i što se kostrešio u njegovom telu kao vetar hujeći kroz razrušenu kuću, kao pobesnela mačka u trulom sanduku. I pošto se baš u tom trenutku gospodin Minster seti da mu je Erda prethodnog dana rekla da se Viđa, žena koja je spremala kuću, razbolela, i poslednja opasnost od ljudskog prisustva iščeze, i gospodin Minster oseti se slobodno, sigurno, spaseno.

Gospodin Minster nije poznavao *letnju slobodu* muževa, vulgarnu raspuštenost muža koji je poslao svoju ženu na selo. Erdino prisustvo nikada nije doživljavao kao teret, ili ograničenje. Pa ipak, kad bi Erda bila odsutna, neki vetar srećnog ludila prolazio bi kroz telo gospodina Minstera i celo ga praznio. Odjednom, kuća bi mu izgledala kao neka zatvorena palestra, ostavljena samo njemu na raspolaganje. Svukao bi se skroz i trčao kao satir po sobama i hodnicima. Ovo trčanje on je zvao svojim „mirenjem sa prirodom". Osećao se tako lako, kao gospodar vazduha, da mu se činilo da bi mogao da hoda po zidu, kao muva, da se prošeta plafonom i siđe niz suprotan zid. I, jednoga dana, čim je lift spustio Erdu i njene kofere, gospodin Minster ostade sam u kući i, zatvorivši ulazna vrata, odmah se svuče, pretrča hodnik i poče da se penje uza zid; ali pade na pod, obeznanjen i go, poput gromom ošinutog anđela.

A sada? Oseća li i sada gospodin Minster taj vetar slobode i ludila?

Ne oseća ga, ali ga se seća. Čitav njegov život postepeno postaje sećanje. Čak i sadašnjost postaje prošlost. Čak i stvari koje su pred njim, čak i svoje telo, gleda iz neke misteriozne budućnosti i vidi ih u prošlosti. I pošto više nema šta da pruži drugim ljudima, nestaje čak i njegova potreba da prima od drugih ljudi. Nestaju želje. Sada, kad je isključen iz čovečanstva, shvata kakvo je uzorno preduzeće, kakva je savršena administracija život, gde ponuda uvek kompenzuje potražnju. A, opet, gospodin Minster ne oseća da ima išta zajedničko sa mrtvima, svojom novom braćom. Da li će to ikad osetiti? Ništa mu ne pokazuje da ga s one strane života čeka nešto, ništa mu ne najavljuje da ga s one strane života čeka neko. Nema utisak da nekamo prelazi, da je u *fazi tranzicije*, kako se to kaže. Oseća samo da je stigao do rubova života i da je spreman da se od njega zauvek odvoji. Oseća da je neverovatno lagan, potpuno odsutan; i da nema strašnog smrada koji mu se, sve gušći, diže iz utrobe, bio bi – zašto ne reći? – srećan. Ali i ovaj smrad se udaljava od sadašnjosti i postaje sećanje. Čak i zadah smrti, samo je još sećanje...

Od grčkih slika, izloženih u izlozima Braće Alinari, gospodinu Minsteru najviše se sviđala trobojna reprodukcija *Narcisa na izvoru,* iz kuće Lukrecija Frontonea, u Pompeji. Sviđalo mu se dugačko telo mladića postavljeno ukoso, tako da je, između donjeg levog ugla freske i gornjeg desnog, ocrtavalo savršenu dijagonalu; sviđala su mu se dva brega u pozadini, jedan drugome nalik poput blizanaca, koji su saglasnim kosinama pratili kosu figuru mladića; posebno mu se sviđao Narcisov lik odblesnut u vodi... Odblesak!

Užas da će sebe videti odraženog nasrće na gospodina Minstera kao neka nevidljiva orlušina koja živi u stanu. U stanu kuće Melakrino ima nekoliko ogledala. Gospodin Minster pomirio se s tim da treba da ode: ne oseća žalost niti strah, samo ne želi da vidi svoje fizičko rasulo. Je li, dakle, toliko jak njegov narcisizam? Gospodin Minster ustaje s kreveta, potom se okreće da pogleda da li je na divanu ostavio nešto od sebe – samo mrlju. Dok prelazi iz ležećeg položaja u uspravan i obrnuto, gospodin Minster se oseća kao „lanac". Da bi se držao uspravno, mora da se uhvati, kao da je u tramvaju, za neku nevidljivu ručku, čim se opusti, njegovo telo se sklupča na zemlju kao zmija. U spavaćoj sobi je jedno veliko zidno ogledalo, iznad stočića za kojim je gospođa Minster „doterivala" svoje lice. Gospodin Minster ulazi u sobu svoje žene, pazi da se ne okrene i ugleda sebe u ogledalu, uzima tamnoplavi krevetni pokrivač, upadljiv i ukrašen resama kao predoltarnik, prilazi sa strane ogledalu držeći ispružene ruke daleko od tela, prebacuje pokrivač preko ogledala i skroz ga gasi. Na stočiću u kupatilu nalazi se još jedno ogledalo, manje i ovalnije, koje oscilira između dva mala drvena stuba. S jednakim oprezom, nečujno hodajući kao da hoće da uhvati jarebicu koja je greškom ušla u kupatilo – gospodin Minster pomišlja u ovom trenutku na Ticijanovu sliku – odlazi u kupatilo i pokriva ogledalo peškirom. Postoji, konačno, i jedno malo ručno ogledalo gospođe Minster, a koje je, budući da nema svoje utvrđeno mesto, opasnije od prethodna dva. Gospodin Minster obilazi oprezno stan, u strahu da malo ogledalo ne iskoči odjednom i pokaže mu ono što on *neće da vidi*. Gospodin Minster je uvek gajio veliku ljubav prema grčkoj mitologiji, i u ovom trenutku sebi liči na Meduzu, boji se da će, ako ugleda sebe, umreti: *on koji je već mrtav*. Etore Romanjoli mu je pre nekoliko godina, povodom Meduze, otkrio jednu zanimljivost za koju gospodin Minster nije znao, a koja se može naći kod Pindara. Ovaj pesnik veli da svakih hiljadu godina Meduza ostavlja na jedan dan svoju nakaznu prirodu, i uzima obličje prelepe device; tokom tog dana regeneracije i noći koja sledi, ona peva neku nadljudsku pesmu, milozvučnu i beskrajno tužnu; kada čuju tu pesmu, čak se i nakaze u šumama umire, i slušaju je zapanjeno. Konačno, gospodin Minster nalazi ručno ogledalo na krevetu male Erike, na svu sreću, okrenuto. U drugim okolnostima, gospodin Minster bi prekoreo svoju ćerku „jer krevet nije mesto za ogledalo", ali sada samo uzima ogledalo za držač, bori se sa iskušenjem da ga okrene i ogledne se u njegovoj svetlosti, prelazi u kuhinju i, snagom preostalom u njegovoj mrtvačkoj ruci, baca ga u sudoperu. Ogledalo se rasprskava po zidu i pada u odlomcima u kamenu školjku. „Ovoga puta", misli gospodin Minster, „voda ne pada kao kiša u slivnik, nego odlomci refleksnog stakla." Prskanje stakla daje priliku gospodinu Minsteru – diletantu u svemu, a sada i u smrti – da uživa u novim prizorima najobičnijih stvari, da ih pogleda još jednom kao prvi put. (Gospodin Minster je u velikoj meri, to smo već rekli, još uvek dečak.) Odmah zatim, pada mu na pamet da slomljeno ogledalo donosi nesreću: „Ali drugima", dodaje, „meni više ne"; i drago mu je što je „s one strane uroka". Prstima bi napravio šipak, da se nije plašio da će mu se pri tome prsti raspasti.

Kad je gospodin Minster seo na divan, dogodi se nešto što pobudi njegovu radoznalost i u isto vreme ga zabavi: njegovo srce sve je sporije kucalo i na kraju je prestalo da kuca. „Više nemam srce", pomisli gospodin Minster, „a ipak sam još uvek živ". Seti se da je jedan znameniti biolog srce nazvao „esencijalnim mišićem", i pošto mu je više nego ikad ova definicija bila smešna, on reče glasno: „Moj esencijalni mišić, koji me je od materinskih skuta pratio svojim pravilnim pulsacijama, prestao je da kuca". I pogleda uokolo kao da je očekivao

70

aplauz od praznine koja ga je okruživala. Ali pri tom kružnom pokretu, umalo što mu levo oko ne upade u glavu, te gospodin Minster morade da ga pričvrsti rukom za rub trepavice, kao neki monokl.

Začu se zvonce iz kuhinje. Gospodin Minster odlazi do table, i beli broj, koji se pojavio na tabli, potvrđuje mu da je neko zvonio na ulaznim vratima. A koje bi drugo zvono i moglo da zvoni, kad je gospodin Minster sam u stanu? Ovu beskorisnu radnju gospodin Minster vrši kako bi „popunio" svoju nesigurnost. Da li da otvori ili ne? Poređenje njegovog položaja s Hamletovim filozofskim sumnjama, zabavi na trenutak gospodina Minstera. Opet neko zvoni, ali duže. Gospodin Minster prelazi stan koracima barske ptice, istura glavu iz salona, motri ulazna vrata u dnu hodnika. Ovaj mračan hodnik, udno kojeg sija okno na vratima, podseća ga na „Panoramu" u koju ga vodila njegova guvernanta Loc, Frau Johana, i gde se udno pravougaone sale, ofarbane u crno, ukazivala jedna epizoda iz opsade Pariza, zajedničkog dela Detaja i Nevila, misteriozno osvetljena nekim nepoznatim svetlosnim izvorom. Bista portira pojavi se uokvirena u oknu vrata, kao portret u svom ramu. Lice portira čas se mutilo, čas izoštravalo, zavisno od toga da li se Alesandro udaljava ili primiče. „Koja bitanga!" pomisli gospodin Minster, toliko ga pogađa ovaj pokušaj da se oskrnavi kućna tajna, kroz ovo ogledalo koje propušta svetlo ali ne i likove. Senka Alesandrove ruke prelazi preko svetlosne slike, nakon čega se i treći put čuje zvonce u kuhinji. Nakon ovog trećeg puta, nesigurnost gospodina Minstera iščezava. Bio je rešio da ne otvara. Želi da precizira „razlog" svoje odluke. „Zato što mi je Alesandro antipatičan." U ovoj odluci ima neke sadističke svireposti, uživanja što se „vređa" neko ko je slab, goloruk. Da li je Alesandro nešto rekao? Rekao je kroz vrata: „Gospodine Minster... telegram", ili je to bila samo iluzija?

71

„Alesandrov portret“, misli gospodin Minster, „portret *Alèxandrosa*“. I kada portirov lik nestane iz okna, gospodin Minster pomišlja da je tako nestalo i Aleksandrovo doba, negde u Indiji.

Portir Alesandro bio je slabouman. Njegovo dugo i atonično lice ličilo je na gipsano stopalo, gledano sa strane tabana, s okastim jagodicama i ustašcima oslikanim ispod jastučeta tabana, koje pedikiri drže u izlogu kako bi pokazali nekad bolesno stopalo, ali koje sada, sanirano zahvaljujući podologiji, živi srećnim životom. Sličnost između pedikirskog stopala i Alesandrovog lica bila bi savršena, da nema razlike u izrazu. Naime, gipsano stopalo se osmehuje, dok se Alesandrovo lice nikad nije osmehivalo: *nije moglo da se osmehne:* bilo se skorelo u fiksirani izraz ozbiljnosti. Ako se izuzmu brada u obliku vratnika i razlika u odeći, Alesandro je ličio na portret časne starine od Luke Kranaha, koji se čuva u Briselskom muzeju. Njegovo lice nalikovalo je na lice primitivca, kako u značenju koje ovoj reči daju istoričari umetnosti, tako i u značenju koje joj daju antropolozi. Ipak, nije bilo lako otkriti nepomičnu i granitnu pozadinu tuposti ispod atonije ovog lica, koje je, međutim, davalo indicije za neko ozbiljno dostojanstvo duha, i strogost navika. Šta je tu čudno? I dostojanstvo duha i strogost navika zaodevaju se pompeznim mirom, jer ih nikakav kontrast ideja ne uznemiruje, a ipak nekako žive, isto kao i glupost, samo od jedne ideje. I Alesandro je, poput plemenitih duhova, poput strogih ljudi, bio nesposoban da u svojoj širokoj, ali veoma slaboj, lobanji ugosti više od jedne ideje odjednom. Iznad stana u kome je stanovao gospodin Minster, Ilde, ćerka pukovnika Pirasa, gajila je na balkonu geranijume i uveče bi ih negovala i zalivala s onim „materinstvom“ koje žena ulaže čak i u negu cveća, postavljanje trpeze, ili sređivanje kancelarijskih akata, a koju je gospodin Minster, kroz prozorčić kupatila, često špijunirao sa zadovoljstvom. Ali višak Ildinog zalivanja padao je kao kiša u dvorište, ponekad na glavu gospodina Uga, vlasnika radnje s voštanim platnima, koji bi, zbog vrućine, ostavljao svoju radnju i prelazio u dvorište da nastavi posao. Trgovac se požalio portiru, a ovaj je greškom pozvonio na vratima gospodina Minstera, koji je došao lično da otvori. „Ne treba prosipati vodu s balkona sa cvećem", reče portir glasom koji je posedovao monotoniju i impersonalnost glasova spikerâ na radiju. „Ja ne prosipam vodu s balkona", odgovori gospodin Minster, ali ovaj odgovor ne izazva nikakvu promenu na Alesandovom licu. „Ne treba prosipati vodu s balkona sa cvećem", ponovi portir, na šta će gospodin Minster: „Već sam vam rekao da ja ne prosipam vodu s balkona sa cvećem; uostalom, ja nemam ni balkon ni cveće". Ali ni ovoga puta Alesandrovo lice se ne promeni, i on po treći put ponovi: „Ne treba prosipati vodu s balkona sa cvećem". „Ali, kad vam kažem...", poče gospodin Minster podižući glas, pa se najednom zaustavi. Oseti da će udariti glavom u zid: u zid Alesandrove gluposti; shvati da bi se njegova dijalektika, i kada bi imala snagu udarca ovna, jednako razbila na ovom zidu, ne ogrebavši ga nimalo. I ovaj poseban primer dade gospodinu Minsteru celovitu sliku ogromnog bedema, nerazorivog, ljudske gluposti i malobrojnih ideja koje ga kao cement vezuju. Alesandro ponovi i četvrti put: „Ne treba prosipati vodi s balkona sa cvećem", i pošto ovoga puta gospodin Minster ne izusti ni reč, portir još malo sačeka a onda pozdravi podigavši levu ruku i ode; jer Alesandro, bez obzira na situaciju ili okolnosti, nikada nije započinjao ili završavao razgovor a da svečano ne pozdravi, kao aed pre no što počne da deklamuje rapsodiju, kao maratonac što na kraju trke podiže ruku i viče: *„Nenikíkamen!"*.

„Jadničak!" pomisli gospodin Minster, gledajući Alesandra koji je silazio mermernim stepenicama, sporo, svečano, ubeđen da je izvršio svoju dužnost. Na kraju ovog stepeništa, Alesandro će stati u glavna vrata zgrade koja će ga uokviravati sve do uveče, kao što luk uokviruje spomenik. Ali, nisu li i spomenici „trajna" konsakracija jedne gluposti?

„Jadničak", pomisli još jednom gospodin Minster, razmišljajući o tom strogom čoveku, svečanom „iz gluposti", što je sporo silazio stepenicama, ubeđen da je izvršio svoju dužnost, pa i nešto više od svoje dužnosti, budući da je pokušao da špijunira stan gospodina Minstera kroz mutno okno vrata.

Vrata stana bila su slobodna. Ovaj šum, dakle, nije bio varka. Gospodin Minster podiže telegram koji mu je Alesandro doturio ispod vrata i pročita: „Mama veoma ozbiljno. Putujemo Lozana. Objasniću pismo. Erda."

Gospodin Minster pročita još jednom telegram, da bi se uverio da ovo telegrafsko „zbogom zauvek" zaista nije izazvalo u njemu ni bol, ni očajanje, ni iznenađenje... Doduše, iznenađenje možda, ali iz jednog drugog razloga. Nije li apsurdno telegrafisati jednom...?

„Jednom mrtvacu!" dopuni glasno gospodin Minster. I, ovoga puta, ali manje nego prethodnih, iznenadni povratak njegovom „stanju mrtvaca", surva ga u ponor samoga sebe, ukaza mu na beskrajnu prazninu u koju se, na kraju svog sna o padanju, spuštao jedreći.

„Čovek se na sve navikne", pomisli gospodin Minster, „čak i da bude mrtav". I da ovaj apsurdni Erdin telegram ne bi ostao usamljeni primer, on se podseti telegrama koji je glumica Pjeralba Nona poslala iz Sjedinjenih Američkih Država slavnom dramaturgu Fokanđelu, koji je u međuvremenu izdahnuo u Rimu, da bi „neotvoren ni od koga, bio spaljen zajedno sa lešom".

„Šta je Pjeralba Nona rekla mrtvacu?" pitao se gospodin Minster. „Uobičajene beskorisne stvari koje govore žene... Reči... reči poput ovih koje mi piše Erda."

Gospodin Minster prođe kroz kuhinju i uputi se ka staklenim vratima koja su vodila na malu terasu. Bila je to jedna od onih terasa koje vire iznad krovova starih rimskih kuća, i koje usred kamenitog pejzaža ponekad imaju male vazdušne vrtove. Ali terasa kuće Melakrino bila je oskudna u cveću i zelenilu. U jednom uglu stajala je kadica za pranje, puna vode tamnoplave od sapuna.

Dok je gospodin Minster prilazio terasi, portirova mačka pojavi se na vratima. Krupan sivi mačak sa zlatnim očima, koji se bio odomaćio u stanu Minsterovih jer mu je Erda davala da jede a mala Erika se igrala s njim. Mačkove oči sretoše se sa Minsterovim, i životinja se najednom zaustavi. I gospodin Minster se zaustavi. Mačak se pokrenu i sada se kosimice primicao zidu. Fiksirao je gospodina Minstera. Leđa su mu se izvila, dlaka nakostrešila i između glave i repa postala tamnija, dok mu se rep dizao kao debela voštanica. Gospodin Minster i dalje je bio nepomičan; borba se svela na borbu očima. Što se tiče gospodina Minstera, on u ovaj sukob nije ulagao ni najmanji napor: njegove oči zadržavale su prirodan izraz. Ali upravo je taj prirodni izraz njegovih očiju držao mačka u strahu. Životinja raširi čeljusti, iskezi zube i, promuklo mjaučući, stade da se povlači ka sredini terase, te čudesnim skokom preletevši ogradu terase, klisnu među krovove kao strela.

Gospodin Minster ne analizira razloge svoje pobede. Čemu? Izađe polako na terasu. Terasa je gledala na ulicu Boka di Leone, ali ne direktno, pošto je bila smeštena u krovu. Na terasi su bile dve trščane fotelje. Gospodin Minster sede. Pored fotelje je ležala krpena lutka koju je zaboravila mala Erika. Gospodin Minster naže se polako – sada je već bio prinuđen da ozbiljno štedi svoje pokrete – uhvati lutku s dva prsta, kao nekakav opasan predmet, i baci je u kadicu za pranje: da bi je uklonio: da je ne bi gledao.

Zdesna, bočna strana hotela *Bocca di Leone* zaklanja vidik, prosečena po sredini mutnim oknima stubišta. Senke odmorištâ ocrtavaju stepene na oknu ovog divovskog termometra. Veče počinje da pada. Svetlo u hotelu pali se i osvetljava iznutra okna stubišta. Stepenicama prolaze senke hotelskih gostiju. Dve senke sreću se na odmorištu trećeg sprata, naginju se jedna prema drugoj, stiskaju međusobno ruke, zastaju da porazgovaraju. U nedostatku glasa, njihovi pokreti postaju izuzetno rečiti. Gospodin Minster misli na Karađoza i pozorište senki.

Da li je, dakle, postao neposredno zavisan od priro-
de? Telo gospodina Minstera počinje da tamni poput
zemlje. Njegova duša biva sve svetlija, kako njegova
materija tone u san. Neki misteriozni analgetik počinje
da deluje, širi svoj plašt preko fizičkog života gospodina
Minstera, i uskoro će ga skroz prekriti.

Veče. Apsorbovana nebom, svetlost se postepeno po-
vlači sa zemlje. Ogledalo neba išarano je oštrim letom
lastavica.

Gospodin Minster ulazi u fazu milosti. Njegove oči
sada vide ono što nikada nisu videle, ono što nijedno
oko nikada nije videlo, a što samo vanredna percepcija,
poslednja i najoštrija, omogućava da se vidi: ono što vi-
di oko sveca, oko čudotvorca, oko boga *in efficientia* –
ono što vidi poslednji pogled čoveka na umoru. Otkriva-
ju se vazdušna tkanja, nebeski pejzaži, prizori najdrevni-
jih nebesa, netaknutih oblika u sjaju svojih prvobitnih
boja. Je li to možda kompenzacija za ono što će uslediti
potom? Gospodin Minster vidi arhanđele kako promiču
nebom, plava raširena krila i svetlucave grudi sa zlatnim
krljuštima. Vidi decu anđele koji se geometrijski grupišu
i obrazuju krune, spirale i trouglove, i u nekima od njih
prepoznaje svoju malu Eriku od pre nekoliko godina.
Vidi starog i umornog Svetog Andreu kako s naporom
plovi, iskrenut na stranu kao brod pogođen u bok, vraća-
jući se u svoju crkvu *Sant'Andrea delle Fratte* u Rimu.

Pogled gospodina Minstera sve je oštriji. Vidi dalje.
Vidi dublje. Vidi davnije. Vidi Jupitera u sedećem polo-
žaju, s tamnoplavom bradom ukrašenom puževima, i
njegove pozlaćene gipsane munje sabrane na skutima.
Vidi Merkura koji iz razonode još uvek leti, držeći u is-
pruženoj ruci štap i praveći se da dostavlja pisma. Vidi
druga božanstva, veoma izbledela, koja ne uspeva da
imenuje. A, iza ovih, opaža i druge obrise, najslabije i
isprekidano svetlucanje.

Pada noć. Čak je i uvo gospodina Minstera postalo
neverovatno oštro. Njegov sluh „skače" kao mlaz nekog
čudesnog šprica i uspeva da, i u najdaljim prostorima,

76

stigne zvuk zvonâ koja su pre četiri sata odzvonila iznad Rima na Ave Maria.

Diže se noć. Diže se i uspravlja. Gube se tragovi stvarî, i najbližih i najdaljih. Ćuti. To je gola i posvuda glatka glava, sem na jednom mestu, odakle visi repić ili, nešto još manje, neka vrsta tanke i duge dlake: ona žica vode što, u ulici Boka di Leone, ispod jednog drveta, nastavlja da kola, ista, večna, u sarkofagu koji je ispija.

Gospodin Minster stoji, a da to ne primećuje. Više ne oseća svoje telo. Hteo je on da ustane, ali pokret se dogodio „na prazno". Sada bi mogao i da probuši ruku, stopalo, i ništa ga ne bi bolelo. Njegova duša kruži, gleda, sluša, traži drugu ljubav, drugačiju od one koju je tražila u životu i nije našla.

Ne skrivaj se više, ti što s dna
Izranjaš bezdana,
O majko majki, ti u kome se sve,
I život i smrt mešaju.
Ja te slušam – slušaš li ti mene?

Gospodin Minster iščekuje. Šta je to čuo? Kakav se to glas s dna bezdana obraćao uhu mrtvog čoveka, i već „razaslanog" u prostranstva i dubine svemira?

Najednom ga obuze velika žurba, neka neutaživa želja da izađe iz kuće, da se raširi po širim prostorima, da se približi prirodi i utopi u nju, kako bi našao – s izvesnošću, a ne obećanjem, ljubavi – i tu daleku i tajanstvenu toplinu, taj preslatki san, tako blizak ponovnom buđenju, sada kad mu se jasno sećanje na njega vraća iz vremena koja su prethodila njegovom rođenju.

Gospodin Minster počinje da dahćući pretražuje ormane, iako zna da neće naći ono što traži. Koferi sa zimskom odećom ostali su u Lozani. Nijedan šešir gospodin Minster nije poneo sa sobom. Kako da se pokrije? Jer, mora da se pokrije, ne samo da bi se sakrio, nego i da bi održao na okupu razne delove svog mrtvačkog tela. S koliko nostalgije sada misli, iz zatvora svog stana, na prodavnice muške odeće, na dva koraka odavde, u Via Kondoti, na one široke šlafroke koji obavijaju osobu i celu je skrivaju, na onaj monumentalni kaput, izložen u „Petronijevom" izlogu, riđ i dlakav, nalik na medveda bez glave.

Jedna karnevalska ideja odjednom je stala da ga izvlači iz mraka u koji umalo što nije propao. Gospodin Minster obući će se kao žena. Odenuće nešto Erdino. Iste su visine. Ko zna, možda je ova pomisao da se preruši u ženu stvarno razlog što se njegovo oklevanje prekide? Ima u njoj nečeg „zabavnog", „zanimljivog", ima ukusa, „dvosmislenosti". To su one male ali uzbudljive ideje koje preokreću situaciju. U osnovi velikih operacija uvek se nalazi neka dvosmislena ideja, i skoro uvek zloćudna. „Čiste" ideje su trome, bez snage, bez volje. Gospodin Minster odlazi u spavaću sobu – kako je samo apsurdan, u ovom trenutku, prizor razmeštenog kreveta, Erdini i Erikini obrisi utisnuti na čaršavu! – povlači jednu zavesicu i otkriva u niši Erdinu odeću na ofingerima. Pretura po njoj rukama zelenim od truljenja. Prelistava je kao stranice knjige. Odbacuje jutarnju odeću, onu za šetnju... Samo na trenutak prekida „sortiranje": uzima s ofingera jednu košulju, ispituje mesto gde je prišiven rukav, prinosi ga licu u iluziji da će probuditi sećanje na Erdu... Ubrzo shvata koliko je uzaludna ova potraga. Stiže napokon do „poglavlja" koje je tražio: širok večernji mantil od crne svile za izlazak iz pozorišta: *sortie,* kako ga je nazivala Erda, to jest mantil za izlazak iz pozorišta. Precizna namena ovog mantila, da se nosi nakon predstave pri izlasku iz pozorišta, pruža gospodinu Minsteru zadovoljstvo koje daju računi koji se slažu, posao obavljen u dlaku, uspeli pasijans. I ako on upotpunjuje ovaj uspeh poznatom metaforom: „*Tirez le rideau la farce est jouée*"[9], i sličnim, to je zato što i u ovako ekstremnim situacijama gospodin Minster ne zaboravlja na zahteve stila.

---

[9] (Fr.) Spustite zavese, farsa je završena. (*Prim. prev.*)

Posle mantila, gospodin Minster uzima Erdin šešir: to je slameni firentinski šešir koji se vezuje dvema trakama ispod podbratka, i koji je Erda nosila na moru. Šta to, opet na ironičan način, sugeriše gospodinu Minsteru da upali svetlo pre no što napusti ovaj stan u kojem je živeo sa Erdom i Erikom, i svojim ocem, i svojom majkom, i tetka Zenaidom, i sa samim sobom, sa svojim željama, sa svojim nadama? *(Gospodin Minster ide iz sobe u sobu i svuda pali svetlo, čak i najmanje lampe, na komodama, stone, lampu iznad prekrivenog zidnog ogledala.)* Nijedno preseljenje, a imao ih je mnogo u svom životu, nijedan odlazak iz neke kuće nije toliko uzbudio gospodina Minstera, podgrevajući u njemu nadu da će otići nekud gde je bolje. I, eto, iz jedne luke, osvetljene sijalicama po danu, gospodin Minster otiskuje se na beskrajno more misterije.

Via Kondoti je pusta. Izlozi Braće Alinari su zatvoreni. „Petronijeva" skupocena odela spavaju iza gvozdenih šipki ukrštenih na X. Kad bi neko sreo gospodina Minstera, koji lakog koraka odmiče prema Pjaci di Spanja, sigurno bi se zapitao, zapušavajući nos i zadržavajući dah, zašto ova žena natučena bez veze i s tim ogromnim slamenim šeširom na glavi, ostavlja za sobom zadah lešine.

Via del Babuino. Žena izlazi kroz kapiju. Zloćudne kapije starog Rima, koje uvode u male svetove misterija, žalosnih ambicija, praznoverjâ, apsurdnosti uzetih za jedinu istinu sveta. Žena je u večernjoj haljini. Ispod crnog satenskog mantila viri kraj haljine boje jagode i vuče se po zemlji. Glava joj je gola. Raščupana. Razbarušena. Lice i haljina izgužvani. Oči kao u lignje. Lice prošarano modricama i masnicama. Mrlje metalizirane, kao, u lučkim vodama kraj molova, diskovi, plutajuće ploče od nafte, ulja. „Gospođa" koja je celu noć bila na zabavi? Preljubnica koja je prespavala noć kod ljubavnika? Kurva koja je noćila kod svog klijenta?

79

Žena se žuri i brzim koracima, vukući za sobom rep kao paun, udaljava se prema Pjaci di Popolo.

Gospodin Minster posmatra je onim ostatkom oka što ga još uvek nosi u očnoj duplji, koja je sada gotovo skroz šuplja, i prepoznaje Auroru. Ona se žuri da dohvati horizont, kako bi i ovoga jutra ponovila ono što je njen posao otkad se svetlost pojavila na svetu.

„Kasni", shvata gospodin Minster. „Ali, šta je radila u ovoj kući?"

Gospodin Minster odlazi do kapije kroz koju je izašla Aurora u večernjoj haljini i, na tablici, ispod tastera za zvonce, čita ime: „Inženjer Titone".

Gospodin Minster shvata sve, i osmehuje se, koliko se može osmehivati čovek koji više nema ni usana ni zuba, ni mesa na obrazima u kojem bi se formirale jamice osmeha.

Izliv nekog besa obrazuje se u utrobi gospodina Minstera i penje mu se uz telo, idući od trulih creva koja uskišnjavaju, pa preko otvorenog stomaka i grla koje pokazuje cevovode kao neki stari slivnik probijenog dna. Gospodin Minster, taj poslednji *uomo universale,* dobacuje Aurori uvredu na francuskom: *Catin!*[10]

Zašto Aurora i dalje vrši ovu službu? Gospodinu Minsteru je drago što vidi Auroru u tako lošem stanju, ali hteo bi da je vidi u još gorem: hteo bi da je vidi mrtvu. Pomisao na to da će se zore nastaviti i posle njega, ne može da podnese. Gospodin Minster ubrzava korak. Aurora je prilično daleko. Gospodin Minster počinje da trči. Aurora prolazi ispod centralnog luka kapije del Popolo. Gospodin Minster pojačava tempo. Ali ga, najednom, potmuo zvuk, s njegove desne strane, zaustavlja. Gospodin Minster se okreće: prepoznaje svoj palac na trotoaru, ispred ulaza u hotel „Rusija". Gospodin Minster je spreman da ga uzme sa zemlje i vrati na njegovo mesto, ali da li je to moguće? Krojačica može da podigne sa zemlje naprstak i stavi ga na prst, ali on nije kroja-

---

[10] (Fr.) Bludnice! *(Prim. prev.)*

čica. I, uostalom, šta bi „dobio" time? Seća se ruke „bez palca" koju je jednom video, ali ne zna više ni gde ni kada. Kožni zavoj prijanjao je uz koren otkinutog prsta, prelazio preko doručja, spuštao se na dlan i račvao u dva jezika vezana na bilu.

„Nezavisna pozicija palca, smeštenog na suprotnoj strani od ostalih prstiju, razlog je delotvornosti ljudske šake, uzrok superiornosti čoveka nad drugim životinjama, poreklo civilizacije." Tako razmišlja gospodin Minster, i dodaje: „Prema tome, ja sam sada nesposoban za izgradnju civilizacije... Ali ostaje mi, doduše, leva šaka: postaću levak i civilizacija koju ću ja izgraditi biće jedna levoruka civilizacija". Tada ga prekide još jedno „plaf" na trotoaru: otpala mu je leva šaka, u koju je polagao svoju poslednju nadu.

„Nema veze."

Stiže u Via Flaminia. Aurora je već u visini ministarstva za pomorstvo. Ali, šta ako i uspe da je stigne, kako će je uhvatiti, zadaviti, sada kad ima samo još jednu šaku s četiri prsta?... Samo što je formulisao ovo pitanje, kad se četiri prsta otkinuše i otkotrljaše po zemlji kao četiri kobasice.

„Nema veze... Napašću je nogama... Nabošću je glavom... Steraću joj lobanju u stomak... Ugasiću je ledom svoje smrti... Samo da je stignem... Sprečim da ponovo upali svet... *Catin! Catin! Catin!*"

Gospodin Minster stiže do palate pape Julija, prolazi uz samu ogradu Monte Pariolija, zatim pored Vinjoline okrugle crkvice. Sada već jure... Gospodin Minster pojačava tempo. Već je kod Stadiona, i ima utisak da skreće ulevo. Iako više ne oseća svoje telo, shvata da ga desna noga više ne drži, otkida se...

Povećava brzinu, *da bih postao lakši*... „Možda ću uspeti u tome", misli gospodin Minster. Pada mu na pamet ideja koju je čuo od jednog *yankeeja,* u vozu kojim je putovao Filias Fog kroz Sjedinjene Države, o kompaktnim kompozicijama koje bi išle tako brzo da im ne bi bili potrebni mostovi pri prelasku reka.

„Ako uspem da još malo povećam svoju brzinu, više mi neće trebati noge za trčanje." Stigao je na trg kod mosta Milvio. Pada na desnu stranu, i pošto se teren na tom mestu spušta, noga mu se kotrlja izvesno vreme raspadajući se na komade, i na kraju se zaustavlja na rubu trotoara.

Gomila dronjaka ostaje na ulici. Slameni šešir odlazi sam kotrljajući se, kao točak dečijih kolica. Mantil nastavlja da podrhtava kao da pokriva tek rođenu štenad.

Aurora kreće mostom Milvio, između statua San Đovanija Nepomučena i Imakolate, „macula non est in te", i s mosta zavija u bulevar Tor di Kvinto. Tibar teče modar ispod nizova svetiljki.

Prolazi deset minuta, četvrt sata, pola sata. Iza grbine brda Albani iskrsava glava Aurore koju je nešto ranije gospodin Minster video kako izlazi kroz kapiju inženjera Titonea u Via del Babuino. Doterala je kosu, peruškom nanela puder na obraze, stavila ruž na usne; i tako našminkana, a pogotovo s ove razdaljine, još uvek je mlada i zgodna. Čak joj je i večernja haljina lepa i nova.

Aurora zauzima pozu kao da prima diplomu. Sedi na nebu, desna noga savijena joj je u kolenu, leva ruka klati joj se, desna ruka nameštena u apsurdan i izražajan gest. I nudi svetu svoj osmeh bez ljupkosti, fiksiran, strog, „devetnaestovekovni", osmeh seljanke pred fotografskim objektivom.

I život se nastavlja.

Napomena. Slučaj gospodina Minstera – čoveka koji je prisustvovao raspadanju svog tela, nije samo jedinstven i nečuven slučaj fizičke smrti, nego i najubedljiviji dokaz, naime prva, jedina i istinska potvrda da u čoveku živi još nešto osim tela, i nadživljuje njegovu smrt. Jer, gospodin Minster je video vlastitim očima, treba to reći, kako mu se telo suši, kako se raspada na komade, dok je on, na način koji nam nije poznat, nastavljao da živi. I to ne na način uobičajen za živa bića, nego na dosad nečuven, tako oštrouman, pronicav, analitičan, da je uspeo da razloži aspekte stvarî i otkrije njihove sastavne elemente. Zahvaljujući tome, život mu se ukazao ne kao pojava, nego kao intimni mehanizam; otkrio je stanovnike neba u njihovoj neizrecivoj esenciji, anđele koji promiču, svece koji žure svojim poslovima, mrtve bogove; video je Auroru u pravom izdanju, to jest kao gospođu u poodmaklim godinama koja provodi noći u dvosmislenim pustolovinama, i samo izdaleka, i uz pomoć krema i kozmetičkih preparata, uspeva da još uvek izgleda lepo. Šta će vam bolji dokaz od ovoga da je duša gospodina Minstera – da je ljudska duša besmrtna? Ostaje nam da spoznamo istinski domet ove besmrtnosti, da odmerimo njenu samosvojnost, da saznamo da li opravdava optimizam koji u nju ulažemo, to jest da vidimo da li je naša duša u svemu nezavisna od vremena, ili je, pak, sve skupa, samo emanacija fizičkog sveta, gas, fluid, te podložna takođe, iako dugovečnija od samog tela, raspadanju i smrti. Sve su to stvari koje bi nam samo gospodin Minster mogao otkriti, to jest ono što je ostalo od njega, nakon što je reziduum njegove telesne košuljice nastavio da podrhtava ispod mantila gospođe Minster, pored mosta Milvio.

Ali, kako da mu uđemo u trag?

NAPOMENA UZ „GOSPODINA MINSTERA"

Ovo vidi gospodin Minster.
Vidi trag koji su bogovi ostavili na nebu.
Vidi trag koji su na nebu ostavile ptice.
Vidi trag koji su na nebu ostavili oblaci.
Sve oblake.
Oblake koji su se u večeri bitke za Novaru navukli nad bojno polje, jer oni pohlepno prisustvuju smrti i potom odlaze, protežući se i previjajući u zamašnim i teatralnim pokretima, da diljem svih podneblja raznesu bolove nas ljudi. Oblake koji su 17. februara 1600. videli rukovet plamenova kako se pali na Kampo di Fjori oko tamne figure Đordana Bruna.
One koji su u kasno popodne liasa videli poslednjeg pleksiosaurusa kako plovi, poput nekog ogromnog labuda, bezmernim morem i grabi prema tečnom groblju prvog sveta, okrećući s prezirom leđa zemlji-detetu položenoj u ogromnu kolevku od vode.
Gospodin Minster vidi trag koji su zvuci ostavili na nebu.
Sve zvukove.
Sve zvukove koji su odjeknuli otkad zvukovi odjekuju.
Glasove bogova sa neba – nebrojenih bogova i galamu njihovih svađa koje ljudi nikad nisu čuli, a koje ova hiperaudicija otkriva.
Pesme i krikove ptica.
Pohvale pesnikâ i siktanje zmija.

Bolno njakanje divljih magaraca, potom još bolnije njakanje domaćih magaraca.

Vriskove ljudske radosti i vriskove ljudskog bola.

Molitve i kletve.

Čak i najrasejanije i najslabije zvukove.

Čak i najprostačkije i najsmrdljivije zvukove smrti.

Primitivnu pastirsku sviralu i *blues* koji knjigovođa P. zvižduće nedeljom izjutra, dok u lavoru pere noge prepune kurjih okaca.

Grgorklokobrbotanje potokâ i higijensko podrigivanje Turaka pri izlasku iz menze.

Sveto iskašljavanje lavina, uzvišeni i materinski glas planine koja stvarno nešto izbacuje iz grudi da bi ga pružila ljudima u dolini (uvek donosi nesreću ova slepa dobrota majki prema svojoj deci) i kreketave prdeže koje komendator M. opaljuje ustima u bračnoj postelji, dok je gospođa Elvira otišla na trenutak do bidea.

Pre no što se ugasi i poslednja iskra njegove vitalne energije, čovek na umoru strelovito prolazi kroz svoju prošlost i panoramski ponovo vidi ceo svoj život.

Ali još se ne zna da li je to dobro ili loše. Pristalice eutanazije smatraju da je loše. Kakva korist od ovog finalnog reepiloga, ako se ispostavi da s druge strane nema sećanja?

Ne znam da li srećniji od drugih ljudi, ali drugačiji sigurno, gospodin Minster nije video svoju prošlost na ekranu sažete vizije, nego prošlost sveta.

Upravo tako.

To je zaista najmanje što je sudbina mogla podariti ovom čoveku koga je lišila višnje milosti, te ga nije ubila u trenutku smrti (čak se i pacijentima daje anestezija pre ulaska u operacionu salu), nego mu je, ko zna iz koje počasti, okrutno omogućila „da vidi sebe mrtvog".

Gospodin Minster video je, dakle, prošlost sveta: celu prošlost. Ali, da li je uživao u tome gospodin Minster, odnosno, zar ne bi bio zadovoljniji da je video budućnost? Nije li predviđanje budućnosti najveća ljudska žudnja? [Kažem žudnja, a ne želja, jer žudnja je nešto jače od želje, jer u žudnji ima rike slonova, jer u žudnji (brama) ima Brahme, najviše želje sveta].

Pritešnjeni ovim pitanjem, prinuđeni smo da priznamo da je u svojoj viziji, koja prelazi granice onoga što čovek vidi, gospodin Minster bacio pogled i na deo budućnosti. Štaviše, prvo je nju video. Gospodin Minster bio je veoma inteligentan, i kao takav sve mladalačkijeg duha, te je njegovo interesovanje za ono što se nije dogodilo bio veći od žalosti za onim što se dogodilo. Stvari koje su mu se dogodile, čak su izazivale stid kod njega: one koje su se desile njemu, ali i one koje su se desile drugima. Prošlost drugih još više ga je navodila na ovakva pitanja: „Ali, čemu to?" „Zašto je to uopšte bilo potrebno?" „Kakvog to smisla uopšte ima?" „Šta će mu to?".

Bacio je, dakle, gospodin Minster pogled i na budućnost. Kratkotrajan. Dovoljan, u svakom slučaju, da vidi da budućnosti nema. Dovoljan da ga uveri da je budućnost samo reč koju su izmislili ljudi i koja govori o dovitljivosti njihove misli, ali koja nema nikakve veze s nečim što stvarno postoji, otprilike kao reč klavir u svetu u kome niko nije video klavir.

Gospodin Minster otkrio je i zašto je nemoguća egzistencija budućnosti: naime, kad god pomislimo na neku stvar u budućnosti, ma koliko bila daleka ta budućnost, ta stvar se već dogodila i „prešla u prošlost", baš u trenutku kad na nju mislimo.

Kako je besmisleno očekivati od budućnosti nešto buduće!

Nakon ovog otkrića, gospodinu Minsteru odjednom se razrešiše zagonetke i ukaza razlog svekolike ljudske nesreće.

Nesreće koja se rađa iz jedne dvosmislenosti. Jedne lake dvosmislenosti – ali istovremeno uzvišene i monumentalne – čitave uzvišene monumentalnosti sveta.

Dvosmislenosti ili, prostije rečeno, optičke varke. Naime, mi vidimo kao korak napred ono što je korak nazad. Verujemo da napredujemo, dok je naše iluzorno napredovanje samo „pravljenje prošlosti". Prevarili smo se misleći da je linija prava, a ona je, u stvari, samo deo kruga.

Gospodin Minster, iako obrazovan u internatu za pijariste, nikada nije uspeo da poveruje u đavola, ako se izuzme đavo koji postaje dobar đavo. Jer samo bi đavo, to jest kvintesencija zla, mogao da smisli i skuje tako radikalno opaku prevaru koja čovečanstvo neprestano i nepovratno unesrećuje, navodeći ga da ide prema nečemu što ne postoji i udaljava se, samim tim, od nečega što postoji.

A ovu maestralnu đavolovu prevaru – zaključi gospodin Minster – ljudi su uvek uzimali za glavni dokaz da Bog postoji. Štaviše, bio je to i način da same sebe proglase bogom.

Da nisu prevareni od đavola, ljudi bi i dalje nosili svoje lepo lice okrenuto pozadi, kao kod Dantea (takođe žrtve đavola, i to više od drugih) kažnjeni proroci.

Neka se vrati čovekovo lice u svoj prirodan položaj i smesta će nestati žalosti i nostalgije, a pre svega ta korozivna želja za budućnošću. Jednom rečju, nestaće svi uzroci nesreće.

Otkrivši ovu izokrenutost pozicija, gospodin Minster konačno shvati kako je sudbina imala osobitog obzira prema njemu, budući da je njegovim mrtvačkim očima ponudila tu predivnu viziju prošlosti, to jest budućnosti u koju se spremao da uđe; i okonča svoju smrt osećajući neizrecivu sreću svesnog rođenja koje čovek bira sam.

ALBERTO SAVINIO
Metafizički mag

Alberto Savinio je pseudonim Andree De Kirika, brata čuvenog slikara Đorđa De Kirika. Rodio se 1891. u Grčkoj, u Atini, gde mu je otac radio u preduzeću za izgradnju železničkih pruga. Imao je višestruk talenat: bio je pisac, ali i novinar, te značajan slikar, muzičar, kompozitor, scenograf, režiser. U mladosti je studirao klavir i kompoziciju na konzervatorijumu u Atini, a potom se usavršavao u Minhenu u školi Maksa Regera. Otuda i potiče njegovo bavljenje muzikom. Pisao je kamerne opere („Karmela", „Orfej udovac"), balete („Persej", „Niobina smrt", „Balada o godišnjim dobima", „Život čoveka"), muzičke radio-drame („Agencija Fiks", „Kristofor Kolumbo"). Za književnost i slikarstvo zainteresovao se negde oko 1910, kada s bratom dolazi u Pariz.

Braća De Kiriko kreću se u krugovima pariske umetničke avangarde, vezujući se posebno za grupu slikara oko Pikasa, te krug oko Apolinera, što se tiče književnosti. Ali, vrlo brzo formiraju osobit likovni pravac koji će dobiti ime „metafizičko slikarstvo", kojem svoju slavu duguje Đorđo, a čije će pozicije Andrea, sada već Alberto Savinio, zastupati časno i uspešno celog svog života. Tih pariskih godina javlja se kod Savinija i književna vokacija, a njegov književni debi biće vezan upravo za Apolinera koji mu objavljuje stihove *Les chants de la mi-mort*. Povodom ovih stihova i slikarstva braće De Kiriko, Apoliner će skovati termin „nadrealizam", koji kasnije prisvaja i institucionalizuje Breton.

Godine 1915. biva mobilisan i, u sastavu italijanskih trupa, provodi ceo Prvi svetski rat na Solunskom frontu, što će ostaviti traga na njegovom delu (pa i u pričama ove knjige). Godine 1918. objavio je prvu knjigu, *Hermafrodit:* žestoke i opore tekstove, na italijanskom i francuskom, uperene protiv buržoaskih konvencija. *Anđelika i majska noć* (1927) je jedan neobičan avangradni roman u kome se oštro napada sitnoburžoaski svet nakon Prvog svetskog rata i predstavlja na jedan imaginaran i groteskan način na granici apsurdnog. Ove dve Savinijeve knjige spadaju u najznačajnija dela ranog italijanskog nadrealizma, tendencije koja će potom biti gušena od moćnog futurizma i malograđanskog mentaliteta koji je prevagnuo s pobedom fašizma.

Mnogo godina kasnije, Svinio će reći da je sve što je napisao bilo samo jedna duga varijacija tema iz prve dve knjige. U stvari, u svim svojim narednim delima – pre svega u onim pisanim pred Drugi svetski rat i tokom rata – on će i dalje ostati zajedljivi moralista otvorene i liberalne evropske kulture koji će se, koristeći ironiju i sarkazam, grotesku i onirično, obrušavati na buržoaske predrasude. U njegovim knjigama, bogatim stilističkim znanjem i slasnim humorom, ispod simbola egzistencijalne metafizike, nazire se jedna duboka i ljudska nelagodnost, te upadljivo protivljenje jednog slobodnog duha u mračno doba Italije i Evrope.

Ovim svojstvima odlikuju se najpoznatija Savinijeva dela, pre svega dva autobiografska romana, *Tragedija detinjstva* (objavljena 1937, iako napisana 1920) i *Detinjstvo Nivazija Dolčemarea* (1914). U prvom romanu prisutna je gorka i jetka polemika o vaspitanju dece i građanskoj porodici, koja se kreće duž sumnjivih granica između sveta svakodnevice i sveta sna; u drugom, Nivazio (Savinijev anagram) ponovo prolazi kroz isti autobiografski period, sada nakon dvadeset godina, preobražavajući, sa manje oporosti i više mudrosti, stari „bes" u nostalgiju i „humour".

Reminiscencijama i autobiografskim odjecima obiluje i većina priča sabranih u nekoliko knjiga od kojih su najvažnije: *Kuća 'život'* (1943) i *Čitav život* (1945, prošireno izdanje 1953). Izgleda da je forma priče najviše odgovarala Savinijevom senzibilitetu, pa su priče, zapravo, najbolji deo njegovog književnog stvaralaštva. Knjiga *Kuća 'život'* sastoji se od šesnaest priča koje se, iako različitih formi i tonaliteta, bave samo jednom temom, temom smrti. Ove priče zbunjuju čitaoca i u isti mah ga fasciniraju; takva je, recimo, priča „Gospodin Minister", koja je ovde doneta u prevodu. Pedeset šest priča, koje čine zbirku *Čitav život*, predstavljaju, po mnogima, najzanimljivije ostvarenje italijanskog nadrealizma. U njima pisac „uspeva da svoju maštu oslobodi od mnogih mitova koji zakrčuju našu istoriju i našu egzistenciju /.../ s jednom obesvećujućom slobodom koja katkad doseže vidove anarhije i skrnavljenja (S. Batalja). Ovoj fazi i ovoj književnoj koncepciji pripada i divna priča „Naša duša" (1944).

Nemir, dvosmislenost, ironija i sarkazam karakterišu knjigu *Pričajte, ljudi, svoju priču* (1942) gde se, u krivim ogledalima Savinijevog književnog postupka, reflektuju životi raznih i brojnih istorijskih ličnosti, od Paracelzusa i Nostradamusa do Verdija i Isidore Dankan. Nakon Drugog svetskog rata, Savinio će svoj izraz naći u refleksiji, anketi, reportaži, muzičkoj kritici, dok će stvaralačka dela izgubiti nešto od svoje svežine invencije i briljantnosti stila. Umro je u Rimu 1952.

Moglo bi se reći da je čitavo Savinijevo književno stvaralaštvo dugo bilo u senci italijanske kulturne scene, gde je on bio cenjen pre svega kao slikar. Tek pre dvadeset godina kritika i publika počele su da ga otkrivaju i iznova vrednuju. Zapravo, Savinijev književni rad uvek je pripadao „manjinskim tokovima" književne stvarnosti: njegov proto-nadrealizam bio je nemoćan protiv futurističke buke, njegova evropska otvorenost bila je marginalizovana od provincijalne fašističke autarhije i, napokon, njegova inventivna maštovitost suzbijana od neorealističke konkretnosti. Međutim, sedamdesetih godina, u jedno drugačije vreme, te zahvaljujući impulsima nove avangarde i njenoj potrazi za vlastitim korenima, Savinio je prepoznat kao jedan od rodonačelnika italijanskog eksperimentalizma i preteča evropskog nadrealizma. Današnja italijanska kritika često ga vezuje za poetiku „magijskog realizma" Masima Bontempelija; naime, govori o jednoj „metafizičkoj liniji", unutar italijanske književnosti XX veka, koja počinje s kasnim Pirandelom, i koja, u delima Savinija i Bontempelija, doživljava procvat, te se, preko Tomaza Landolfija, proteže sve do, još recentnog, dela Đorđa Manganelija.

Alberto Savinio bio je čovek izuzetno širokih anticipatorskih umetničkih i kulturnih preokupacija. Po svojoj halucinantnoj i groteksnoj viziji stvarnosti, po svom jezovitom u apsurdnom humoru, po stilu koji oscilira između svakodnevice i rafinirane tradicije, on s pravom zaslužuje epitet fascinantnog metafizičkog maga.

Serđo TURKONI

SADRŽAJ

Izdavačko preduzeće
RAD
Beograd, Moše Pijade 12

*

Glavni urednik
JOVICA AĆIN

*

Za izdavača
ZORAN VUČIĆ

*

Lektor
MILADIN ĆULAFIĆ

*

Tehnički urednik
DUŠAN VUJIĆ

*

Korektor
NADA GAJIĆ

*

Nacrt za korice
JANKO KRAJŠEK

Realizacija
ALJOŠA LAZOVIĆ

*

Priprema teksta
Grafički studio RAD

*

Štampa
ZUHRA, Beograd

CIP – Каталогизација у публикацији
Народна библиотека Србије, Београд

850-32

САВИНИО, Алберто
    Naša duša ; Gospodin Minster / Alberto Savinio ;
[s italijanskog preveo Dejan Ilić]. – Beograd : Rad,
1995 (Beograd : Zuhra). – 93 str. ; 19 cm. – (Reč i
misao ; knj. 461)

Prevodi delâ: La nostra anima; Il signor Munster. – Pra-
vo ime autora: Andrea De Kiriko. – Str. 89–92: Alberto
Savinio, metafizički mag / Serđo Turkoni.

ISBN 86-09-00409-0
1. Савинио, Алберто: Господин Минстер
929:82 Савинио А.
    а) Савинио, Алберто (1891–1952)
    ID=41169420